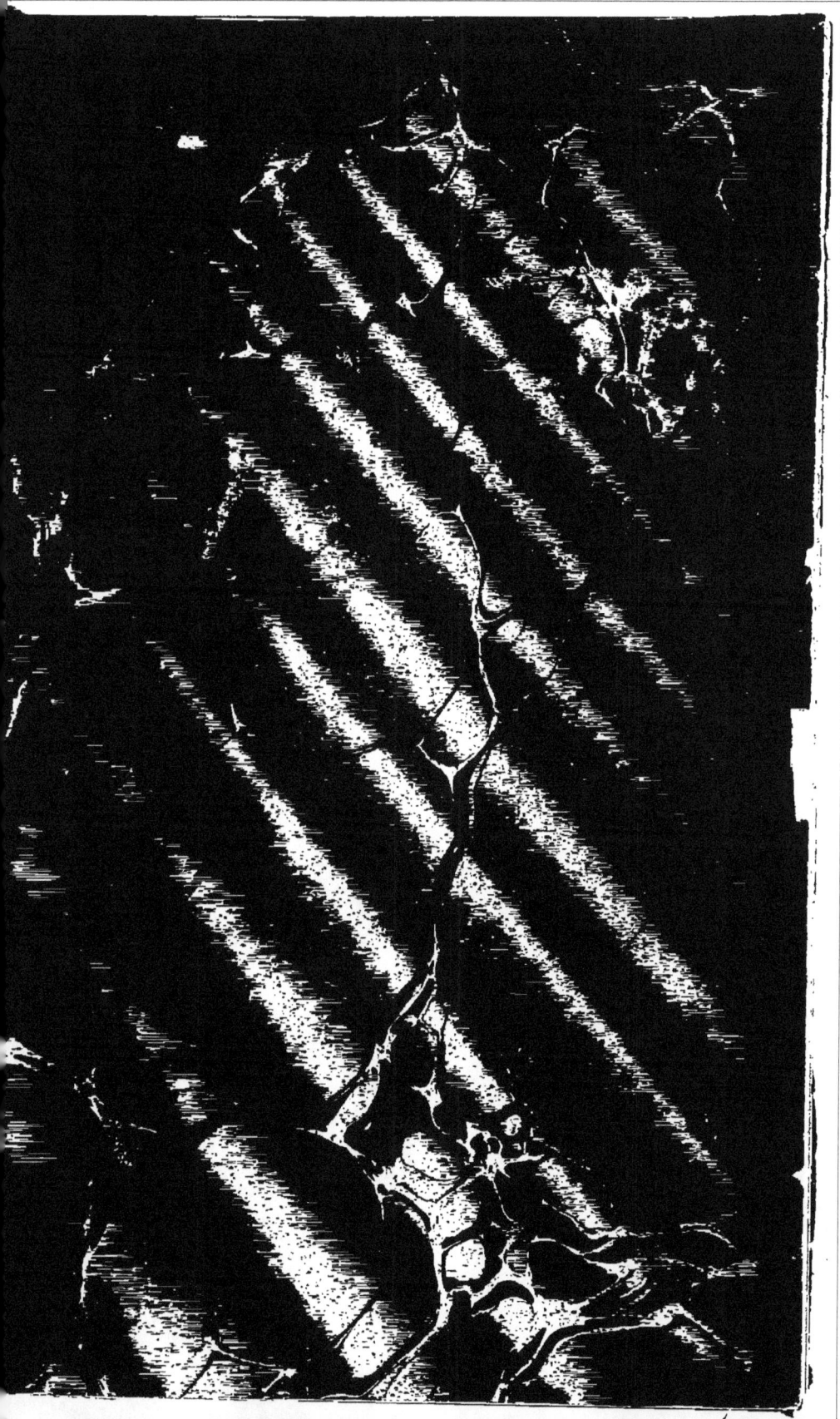

CONSEILS

D'ENSEIGNEMENT, DE PHILOSOPHIE

ET DE POLITIQUE

PAR

Ernest BERSOT

MEMBRE DE L'INSTITUT
DIRECTEUR DE L'ÉCOLE NORMALE SUPÉRIEURE

LE THÉATRE ET LA PHILOSOPHIE AU XVIII° SIÈCLE
UNE ÉLECTION
LE BACCALAURÉAT
LIBÉRALISME ET DÉMOCRATIE
LE CONCOURS GÉNÉRAL
VICTOR COUSIN ET LA PHILOSOPHIE DE NOTRE TEMPS
PATRIE

PARIS

LIBRAIRIE HACHETTE ET Cie

79, BOULEVARD SAINT-GERMAIN, 79

1879

CONSEILS

D'ENSEIGNEMENT, DE PHILOSOPHIE

ET DE POLITIQUE

OUVRAGES DU MÊME AUTEUR

~~~~~~~~~~~~~~

CONSEILS

D'ENSEIGNEMENT, DE PHILOSOPHIE

ET DE POLITIQUE

PAR

ERNEST BERSOT

MEMBRE DE L'INSTITUT

DIRECTEUR DE L'ÉCOLE NORMALE SUPÉRIEURE

LE THÉATRE ET LA PHILOSOPHIE AU XVIII° SIÈCLE
UNE ÉLECTION
LE BACCALAURÉAT
LIBÉRALISME ET DÉMOCRATIE
LE CONCOURS GÉNÉRAL
VICTOR COUSIN ET LA PHILOSOPHIE DE NOTRE TEMPS
PATRIE

PARIS

LIBRAIRIE HACHETTE ET CIE

79, BOULEVARD SAINT-GERMAIN, 79

1879

Il faudrait s'excuser du titre de ces quelques pages, si on y devait voir la prétention de parler et d'être écouté ; il marque seulement la préoccupation d'un esprit sérieux devant certaines questions. J'ai tenu particulièrement à recueillir dans le *Journal des Débats* les articles : *Libéralisme et démocratie, Victor Cousin et la philosophie de notre temps,* parce que j'y ai mis des observations qui me semblaient réellement utiles. J'ai cherché la justesse, non la nouveauté. C'est leur défaut, peut-être leur mérite, dans un temps où l'on aime à renverser ce qui paraît solide, pour montrer sa force ; mais j'ai toujours aimé la raison avec passion : elle me donne les plaisirs que donnent à d'autres les idées extraordinaires, qu'ils se croient seuls à avoir ; je n'ai jamais eu honte de la vérité.

École Normale, 17 novembre 1879.

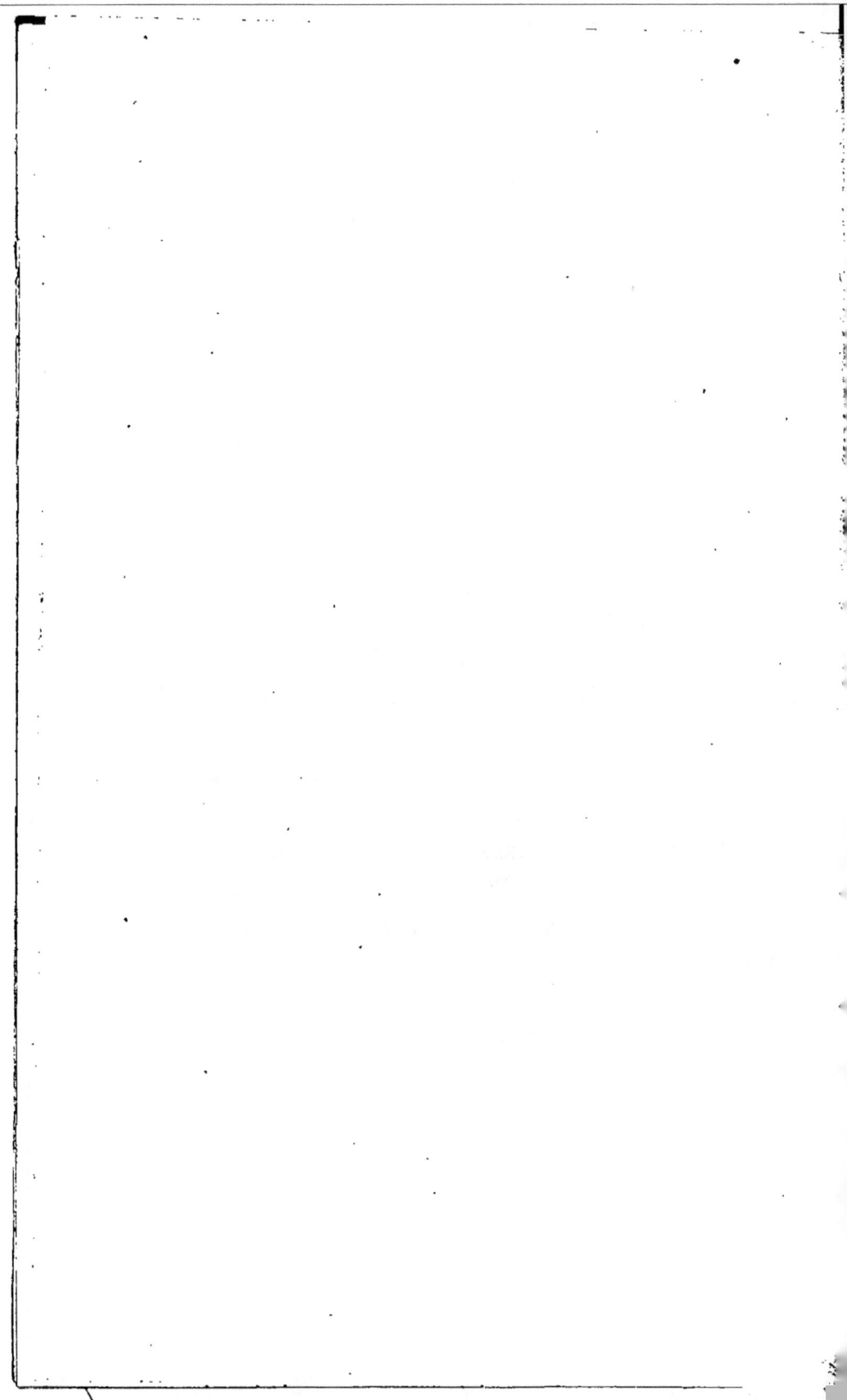

I

LE THÉATRE ET LA PHILOSOPHIE

AU XVIIIᵉ SIÈCLE [1]

Le dix-huitième siècle, de quelque côté qu'on l'envisage, est toujours un siècle intéressant, une mine inépuisable pour l'histoire et la critique. Jamais la pensée et l'action n'ont été si intimement mêlées ; jamais l'esprit humain n'a cherché avec tant d'ardeur à établir la société dans de meilleures conditions et à accroître le bien-être de l'espèce humaine. Quel beau travail ce serait de suivre l'immense effort qui commence à la Régence, avec Voltaire et Montesquieu et finit à la Révolution française ! Mais sans entreprendre un si grand ouvrage, on peut saisir et montrer à l'œuvre quelqu'une des puissances qui ont agi alors avec une énergie inconnue. C'est ce que M. Fontaine a fait pour la philosophie ; et encore il ne l'a pas prise dans les livres et les salons, mais au théâtre.

Le théâtre, à cette époque, n'a pas été seulement un amusement pour les oisifs, un plaisir distingué pour

[1] *Le Théâtre et la Philosophie au dix-huitième siècle*, par Léon Fontaine, maître de conférences à la Faculté des lettres de Grenoble. Un volume in-8º. — Versailles, Cerf et Fils. — Paris, Baudry.

les hommes de goût : il est entré hardiment dans l'action ; il a été le Journal, la Revue de ce temps ; il a prêté son retentissement aux idées qui devaient détruire un monde et en créer un nouveau. Aujourd'hui ce théâtre nous paraît plein d'exagérations, de lieux-communs, de déclamations insupportables ; mais ce qui maintenant nous semble usé était neuf alors : ces banalités morales qui nous fatiguent sont les maximes mêmes sur lesquelles notre société repose. On éprouve, en le lisant, une double impression : comme littérateur, on est excédé par cette exagération continuelle de la pensée et du style ; comme historien, on est extrêmement attaché par la lutte de l'opinion contre les institutions régnantes, lutte dont on connaît la fin.

La lutte est autour de ces trois principes : liberté politique, tolérance religieuse, égalité ; et c'est la division naturelle du sujet du livre de M. Fontaine.

D'abord la liberté politique. Voltaire avait dit avec une singulière hardiesse :

> Le premier qui fut roi fut un soldat heureux ;

Crébillon exprima la même idée dans un très mauvais vers :

> Le premier qui le fut n'eut pour lui que sa voix ;

Il disait plus heureusement :

> La crainte a fait les dieux, l'audace a fait les rois.

Tous les vers n'étaient pas remarquables, témoin celui-ci, de Lefranc de Pompignan, l'auteur des *Poëmes sacrés* :

> Et le premier des rois fut un usurpateur ;

Ou ceux-ci de Marmontel :

> Eh ! pourquoi l'homme libre a-t-il créé des rois,
> Si ce n'est pour défendre et protéger ses droits ?

> Le chef n'a que le droit de servir de modèle.

Lemierre, dans *Guillaume Tell*, La Harpe, dans *Virginie*, abondaient en maximes contre le pouvoir absolu. « *Virginie*, parue en 1786, à la veille de la » Révolution, a été le dernier type de ces tragédies » dans lesquelles, à l'abri des souvenirs classiques, se » manifestaient librement les griefs et les aspirations » de la France nouvelle. » Tous ces sentiments devaient se condenser et éclater dans le *Charles IX*, de Chénier, qui parut en 1789, et qui est par là même en dehors des limites que M. Fontaine s'est fixées, puisqu'il appartient au théâtre de la Révolution.

Faut-il croire que les auteurs de ces fières maximes républicaines étaient républicains, Voltaire, par exemple ? On l'a dit lors de son centenaire, il y a quelques mois ; on en a dit bien d'autres, qui l'auraient fort étonné et assez égayé Il n'allait pas si loin ; il se contentait de la monarchie constitutionnelle, qu'il avait vue avec une grande admiration fonctionner en Angleterre, qu'il vanta à son retour et ne cessa jamais de vanter. Malgré *Brutus* et la *Mort de César*, on ne voit pas que la haine des tyrans l'ait gêné dans la vie, dans ses relations avec Frédéric, avec Catherine et les autres rois dont il était l'hôte ou le correspondant ; il n'était pas un républicain pratiquant. Ces souverains non plus ne lui en voulaient pas : ils ne pensaient pas avoir à lui pardonner ou à le convertir. Il convient d'être toujours sur ses gardes avec les poètes et de ne pas leur attribuer

trop aisément des sentiments qu'ils ont exprimés avec
éclat. Le maître de philosophie de M. Jourdain lui
enseignait avec raison que tout ce qui n'est pas prose
est vers et que tout ce qui n'est pas vers est prose ;
si son élève avait été plus avancé, il aurait ajouté
sans doute qu'il y a des opinions qu'on a en prose et
des opinions qu'on a en vers. Ainsi, le gouvernement
constitutionnel est un triste sujet de vers, tandis que
les maximes républicaines leur vont à merveille : la
simplicité, la netteté, la fierté de l'idée se prêtent ad-
mirablement à cette sculpture du vers. Les excès de
pensée ne sont souvent que des effets de style. Une
fois lancé, on n'est plus maître ; comme dit Voltaire,
la roue tourne et emporte son homme.

Tout ceci est pour se mettre en règle avec la critique ; mais quelles que fussent les opinions politiques
des écrivains que M. Fontaine a cités, au « théâtre,
comme le dit très bien M. Sarcey, qui se connaît en
théâtre, l'intention n'est rien, l'effet est tout. » Et il
est certain que l'effet fut redoutable.

La tolérance religieuse inspire aussi, au dix-huitième siècle, un grand nombre de pièces de théâtre,
d'inégale valeur : c'est encore Voltaire qui donne le
branle par son *Mahomet*. Cette tragédie avait pour
titre ou pour objet le *Fanatisme* ; c'était là le monstre
que Voltaire devait combattre toute sa vie et abattre,
sauf à créer un fanatisme contraire. Il avait choisi
habilement pour héros un faux prophète et avait
essayé de mettre de son parti la papauté elle-même,
en dédiant la pièce à Benoît XIV, qui eut la bonne
grâce et l'esprit d'accepter cette dédicace. Après
Mahomet, la même thèse, différemment introduite,
est plaidée par des talents secondaires, par Guimond

de la Touche, dans *Iphigénie en Tauride*, par Lemierre, dans *la Veuve du Malabar*, par Mercier,
dans *Jean Hennuyer*, évêque de Lisieux, par La
Harpe, dans *Mélanie*. La première de ces tragédies
est dirigée contre les sacrifices humains, la seconde
contre le préjugé indien qui immole une veuve sur la
tombe de son mari, la troisième contre la Saint-Bar-
thélemy, la dernière contre les vocations religieuses
violentées. Toutes ces pièces ont laissé un nom et un
souvenir ; toutes ont eu leur succès et ont contribué
à gagner la bataille.

Enfin, la troisième thèse du théâtre, au dix-huitième siècle, est le principe de l'égalité sociale. Le
nombre de pièces où cette thèse est soutenue est in-
calculable. Voltaire encore, Diderot, Sedaine, Cham-
fort, Mercier, Beaumarchais, le dernier venu mais le
vrai maître dans cette comédie politique et sociale,
ont tous contribué à faire triompher cette idée chère
à la nation. *Nanine*, *le Philosophe sans le savoir*,
le Père de famille, *le Mariage de Figaro* surnagent
à bien des ruines.

M. Fontaine, dans sa conclusion, montre avec justesse et avec goût combien les préoccupations que
nous venons de signaler ont nui au théâtre, comment
toutes ces thèses nous paraissent froides, ennuyeuses,
monotones, déclamatoires, et que les pièces qui ont
vécu et vivent encore le doivent aux mœurs, aux si-
tuations et aux caractères, non aux théories senti-
mentales et philosophiques qui s'y joignent. Nous lui
demanderons une exception pour le *Mariage de Figaro*, qui subsiste, comme pamphlet, par sa verve
endiablée.

Tout ce chapitre d'histoire littéraire doit nous donner beaucoup à réfléchir sur l'introduction des thèses au théâtre, car le dix-huitième siècle ne les a pas épuisées, et chaque génération a les siennes. Leur avantage est visible : elles passionnent le public du moment ; leur désavantage est visible aussi : elles laissent froid le public qui vient après, soit que les principes discutés aient triomphé, soit qu'ils aient été vaincus pour longtemps ; le spectateur ou le lecteur n'y est plus. Le grand danger est de substituer à des êtres vivans des abstractions, des personnages qui ne sont que des argumens. Toutefois, la question est délicate, car il peut se trouver des auteurs qui évitent habilement les défauts et ne laissent percer dans leurs ouvrages que l'accent personnel propre à cette espèce de sujets, et avant de décider s'il faut accepter les thèses au théâtre ou les bannir, il sera bon de lire les vives préfaces de M. A. Dumas.

Quand M. Fontaine reverra le très agréable volume qu'il vient de publier, il aura à faire une part à Diderot, qu'il a négligé par un singulier oubli ; il aura aussi à nous dire quel succès ont obtenu les pièces dont il parle, car il ne suffit pas que certaines choses aient été dites, il faut encore savoir comment elles ont été accueillies. Il pourra aussi, après avoir analysé et cité tant de pièces dont la médiocrité n'est pas discutable, relever l'intérêt de son livre en montrant que ces œuvres ont eu une portée bien au delà de leur faiblesse, qu'elles ont été de puissans instrumens de la Révolution et de la civilisation moderne.

(29 mars 1879).

II

UNE ÉLECTION

On ne sait plus ce qui pourra arriver dans l'élection de dimanche à Bordeaux. A l'origine, c'était peu de chose. La *Gironde* avait raison de dire qu'il n'y avait pas 500 blanquistes dans la 1re circonscription. La population girondine est, au fond, modérée ; ce sont des gens d'esprit, gais et de vie facile, qui n'ont pas les violentes passions du Midi. Dans cette circonscription notamment, qui est le quartier du plus haut commerce, à côté des patrons à grandes fortunes il y a tout un monde d'ouvriers qui gagnent beaucoup, dépensent assez, sont peu tourmentés par le problème social et absolument incapables des massacres de septembre. Ils ont donné des voix à Blanqui, pour jouer. Mais maintenant c'est autre chose. Il se trouve qu'ils ont fait un grand bruit, et on n'est pas insensible à ce plaisir ; un orateur d'une réunion bordelaise disait ces jours-ci : « Toute la France a les yeux sur nous ; » encore était-il modeste ; il aurait pu dire toute l'Europe ; mais la France, ce n'est déjà pas mal. Or, quand la France vous regarde, que ne ferait-on pas ? C'est le vrai moment de se jeter du haut d'un quatrième étage. A cette pensée : le monde se demande ce que va dire la 1re circonscription de Bordeaux, ceux même qui n'ont pas voté pour Blanqui doivent sentir un agréable frémissement, et il n'est pas impossible que des électeurs qui n'ont pas été au premier tour pour cette candidature soient touchés par cette vanité. On peut croire, par la polémique des journaux de la droite, qu'il y aura un appoint de ce côté. L'intérêt des adversaires du régime actuel est évidemment qu'il fasse.des sottises, et il est charitable de l'y aider. Mais, même sans ce supplément de voix de la droite, l'amour-propre excité des électeurs républicains suffit. On parle d'un gouvernement encore jeune à ménager, de sagesse nécessaire pour gagner ses ennemis et ne pas lui faire perdre ses amis : politique de ménage, conseils de bourgeois timorés ; nous allons vous faire un gouvernement intéressant, une république à surprises. Faites donc ; tâchez seulement qu'à la fin une de ces surprises ne soit pas de tuer la République. Depuis quelque temps, en plusieurs pays, des fanatiques tirent sur les souverains pour détruire la monarchie ; à ce propos, nous entendions une conversation qui pourrait faire réfléchir les électeurs de dimanche. Quelqu'un disait : « Au moins, nous avons cet avantage qu'on ne peut pas tirer sur la République. — Oui, voyez Bordeaux. »

(18 avril 1879).

III

LE BACCALAURÉAT

Encore le baccalauréat! Il doit être permis d'en parler, car il n'est pas innocent, et il intéresse bien des jeunes gens et bien des familles. C'est dans cet intérêt que nous proposons de supprimer un des exercices qu'il exige : la composition en latin. Nous dirons les raisons qui nous paraissent décisives.

Le baccalauréat a été, comme on le sait, institué en 1808 ; l'épreuve écrite, dans l'examen, date de 1830. Un arrêté du 9 février porte : « Indépendamment des » épreuves usitées jusqu'à ce jour, tout candidat au » baccalauréat ès lettres sera tenu d'écrire instanta- » nément un morceau en français, soit de sa compo- » sition, soit en traduisant un passage d'un auteur » classique. » Cet arrêté n'eut pas un grand effet ; la circulaire de Victor Cousin, en 1840, le constate : « L'épreuve de la composition ne consiste guère qu'en » un simple exercice d'orthographe ; et, quoique » ainsi restreinte, elle a même cessé d'être demandée » dans beaucoup d'académies. » Le règlement du 14 juillet établit une règle uniforme et détermine

« que les candidats seront tenus de faire une ver-
» sion latine, à peu près de la même force et de
» la même étendue que les versions latines qui se
» donnent en rhétorique. » Victor Cousin avait
consulté les académies sur la part qu'il convenait
de faire à l'épreuve écrite ; cinq académies demandèrent deux compositions, treize académies trois
compositions, six académies quatre compositions ;
il y en eut trois qui demandèrent cinq compositions.
C'était l'âge héroïque des Facultés. Depuis, les examens se sont singulièrement multipliés, et la nouveauté du plaisir de juger est passée. Nous sommes
convaincu que si on les interrogeait aujourd'hui, il
ne s'en trouverait plus une seule qui demandât cinq
compositions ; nous nous portons garant pour la Faculté de Paris. Victor Cousin, pour ne mécontenter
personne, décida de s'en tenir à une épreuve. C'était
le seul parti auquel on n'eût pas songé ; mais il y
avait songé sans doute avant de lancer sa circulaire,
et c'est ainsi que l'on consulte ordinairement. Cette
fois il avait parfaitement raison.

Cela dure jusqu'en 1852 (5 septembre), où on ajoute
à la version latine « une composition latine ou une
composition française, suivant que le sort en déci-
dera. » En 1857 (3 août) on s'aperçoit que le sort est
injuste, et la composition latine subsiste seule. En 1864
(28 novembre) aux deux compositions précédentes
s'en ajoute une troisième « sur un sujet de philosophie. » En 1874 (25 juillet) le baccalauréat est scindé
en deux parties ; mais une quatrième composition
survient. La première partie compte deux compositions : la version latine et la composition en latin ; la
seconde partie en comprend également deux : la dis-

sertation philosophique et une version d'une langue étrangère. C'est l'état actuel.

Nous n'avons nullement envie de détruire le règlement de 1874, qui est tout nouveau. Puisque le baccalauréat est scindé, qu'il reste scindé ; nous ne croyons pas assez à la vertu de l'examen en une ou deux fois pour le diviser quand il est unique ou pour le réunir quand il est divisé. Puisque la seconde partie vient au sortir de la classe de philosophie, qu'on maintienne, si l'on veut, la dissertation philosophique : si elle prouve peu, du moins elle ne trouble rien, et la classe et le baccalauréat vont ensemble. La version d'une langue vivante répond trop aux préoccupations du présent pour qu'on songe à la supprimer. La version latine se justifie par d'excellentes raisons. Victor Cousin dit on ne peut mieux : « Une version latine » bien faite témoigne suffisamment de cette connais- » sance solide de la langue latine, sans laquelle il ne » peut y avoir de fortes études de médecine et de » jurisprudence ; c'est aussi une page de français » dans laquelle on peut reconnaître si le candidat sait » écrire sa langue avec la pureté, la clarté et l'élé- » gance qui répondent d'elles-mêmes d'une bonne » culture intellectuelle (17 juillet 1840). » On pourrait ajouter qu'une version latine bien faite montre la justesse d'un esprit qui est capable de suivre dans ses développements la pensée d'un auteur et de l'interpréter en conservant sa rigueur logique, sans la laisser ni flotter ni dévier. L'épreuve est vraiment décisive. Aussi devrait-on s'y tenir. Nous avons cherché dans les circulaires et dans les notes qui accompagnent les règlemens pourquoi on est allé chercher la composition latine et pourquoi on l'a gardée ; nous

n'avons trouvé absolument que ceci, dans l'Instruction ministérielle de 1857 (14 août) : « C'est l'exercice
» ordinaire de la classe de rhétorique. » Pas plus
ordinaire que le discours français, qu'on excluait, et,
au cas où le discours latin aurait absorbé le discours
français dans la classe, il s'agissait de savoir si cela
devait être.

Justifiée ou non à l'origine, l'épreuve de la composition en latin pouvait se justifier par la pratique. In-
terrogez. Excepté un petit nombre, surtout de candidats sortis des grandes classes de Paris, qui font
bien cela parce qu'ils font tout bien et qu'ils sont
au-dessus du baccalauréat, prenez le commun des
martyrs, quelles compositions, grand Dieu ! Quelles
idées ! Des fragments de lieux-communs apprêtés
pour toutes les circonstances, qui entrent bon gré mal
gré dans le sujet. Et quel style ! Une platitude qui ne
vise qu'à être correcte et qui n'y réussit à peu près que
dans les bons jours. C'est cela qu'on appelle la preuve
d'une culture littéraire. Et on a le cœur d'employer
des hommes de valeur à corriger cela ! Ils devront
s'enfermer, lire en conscience dix, vingt copies de
cette force, nageant dans le vague et le vide. Malheureux candidats ! malheureux juges !

Voici qui est plus grave. Quand on a scindé le baccalauréat, on avait l'idée de forcer les jeunes gens à
prolonger leurs études. L'examen étant placé à la fin
de la classe de philosophie, les candidats pressés em-
ployaient cette année de classe à la préparation générale de l'examen ; aussi la philosophie était en souffrance. On a voulu remédier à ce mal en portant une
première partie de l'examen à la fin de l'année de
rhétorique ; il est arrivé ce qui devait arriver : la

préoccupation des candidats a avancé d'un an, comme l'examen, et c'est la rhétorique qui a pâti. En ce moment, en France, sauf dans les lycées de Paris, qui se sauvent par l'éveil des esprits, par l'ambition du concours général et de l'Ecole Normale, ceci se passe presque invariablement dans les classes de rhétorique. Chez tous les élèves est l'idée fixe de la première moitié du baccalauréat et la disposition à ne faire que ce qui les y mène. On comprend qu'ils ne fassent pas de vers latins : les vers latins s'en vont ; au moins devraient-ils s'intéresser à la lecture, à l'explication des auteurs latins, grecs, à toute cette admirable littérature ; point, cela les détourne. Lorsqu'un professeur zélé, passionné pour la langue et la littérature françaises, s'efforce de leur communiquer un peu de sa passion, on voit qu'ils sentent l'attrait ; mais ils y résistent prudemment. Où ils sont toujours prêts, c'est à faire des compositions en latin ; ils n'attendent pas qu'on les invite, ils poussent le professeur.

Il importe de changer au plus vite cet état de choses. Les études ne sont pas faites pour le baccalauréat ; c'est le baccalauréat qui est fait pour les études ; si donc il leur nuit, c'est à lui de changer. Une fois les études rendues à elles-mêmes, il faut qu'elles portent naturellement au baccalauréat, qu'on évite soigneusement tout ce qui est préparation spéciale à l'examen, qu'un élève, en suivant honnêtement les classes, ait l'esprit tranquille, qu'il soit persuadé qu'il se fait bachelier tous les jours et qu'il le devienne sans s'en apercevoir. Ne viser, dans les classes, qu'au résultat matériellement utile, mépriser le savoir et n'estimer que le diplôme est, disons-le nettement, immoral, et c'est, par malheur, la disposition où de fausses me-

sures ont jeté une grande partie de la jeunesse. Il y a
en France des esprits positifs, éminemment pratiques,
qui réduisent au plus net la valeur des choses ; ils ne
donnent pas dans les chimères, dans les vaines curio-
sités de l'esprit et les subtilités du sentiment, ils entendent la vie : on prend le bacoalauréat pour en finir
avec les études, on fait sa première communion pour
en finir avec la religion, on se marie pour en finir
avec l'amour. Ce n'est pas à cette catégorie d'esprits
forts que nous nous adressons : ils nous regarderaient
comme trop naïf si nous leur disions que le baccalauréat doit être le commencement des études, des études
larges et libres qui dureront toute la vie, et qu'on
demande seulement au baccalauréat de ne pas en
dégoûter.

(25 août 1879).

IV

LIBÉRALISME ET DÉMOCRATIE

Je n'ai pas l'intention de comparer le libéralisme
et la démocratie; je ne me propose que d'indiquer
rapidement ce qu'ils ont fait de nous depuis quelques
années et ce qu'ils en peuvent faire. On voudra bien
excuser une certaine insistance à définir des idées
qu'on regarde ordinairement comme claires et qui ne
le sont pas; cet éclaircissement sera le principal
intérêt de ce travail. Telles sont d'abord les idées
d'État et de libéralisme : la première très négligée,
la seconde défigurée par l'habileté et la passion.

Il y a des choses sans lesquelles une société ne
peut pas vivre : la loi, la force, la justice, l'impôt, la
monnaie; ce sont choses d'État ; elles ne lui sont con-
testées nulle part. A la rigueur il pourrait s'y réduire
et abandonner le reste à l'initiative individuelle ; mais
en réalité il ne s'y réduit nulle part, car il ne suffit
pas de vivre, il faut bien vivre : une société se doit à
elle-même de faire tout ce qui est en son pouvoir
pour répandre le bien-être physique, pour relever
l'esprit et l'âme, puisqu'elle a affaire à des esprits et

à des âmes; et c'est par là que chaque nation se juge et que les nations entre elles se mesurent. En connaît-on qui n'aient pas d'hôpitaux, d'hospices, d'assistance publique? En connaît-on aussi qui n'aient pas de récompenses pour les actions d'éclat? Laquelle est sans bibliothèques, sans musées, sans monuments? Et pourtant l'Etat n'est pas strictement tenu de récompenser les belles actions, de mettre des livres à la disposition des particuliers, ou d'offrir à leur vue des tableaux, des statues, de beaux édifices. Il croit donc être intéressé au progrès de l'intelligence et de la moralité générale, qui profitent par là. S'étonnera-t-on ensuite s'il crée des manufactures et toutes sortes d'écoles ? Il fabrique et il enseigne, et il enseigne comme il fabrique : il fait bien, pour montrer comment il faut faire; il institue des examens et des grades, pour stimuler et contrôler le savoir; il établit le niveau. Il ne tue pas la liberté, il l'excite et la dirige; il est l'effort qu'un peuple fait sur lui-même pour arriver à exceller.

L'Etat, représentant de la communauté, rencontre naturellement sur bien des points la liberté individuelle et prend sur elle, pour se faire sa part. Partout où existe une force qui peut, si elle est livrée à elle-même, nuire à la communauté, il la borne et la règle; il est ainsi en contact avec les réunions, les associations, la presse, les départements, les communes, se réservant le droit d'autoriser et de surveiller. S'il y a un lieu où il semble que la liberté individuelle devrait être maîtresse absolue, c'est certainement la famille ; eh bien ! c'est justement là que l'Etat intervient avec le plus d'énergie. Quoi de plus que ceci ? Il interdit au père de famille de léguer sa propre fortune comme il veut ; sauf une légère réserve, il le contraint de partager cette fortune entre ses enfants également, comme il doit partager son affection. L'Etat est un grand idéaliste : il ne prend pas la famille telle qu'elle est, mais telle qu'elle doit être, la famille réelle, mais la famille vraie ; il la défend contre les fantaisies individuelles ; il présume les volontés droites, comme il convient au bien commun.

Voilà, ce semble, l'Etat, son principe, sa légitimité. Même quand il se tient dans ses justes limites, on comprend combien il a d'adversaires : tous ceux qu'il gêne et qui ne se rendent pas compte de ce qu'il est, ou qui, le comprenant, ne s'y résignent pas. Mais il faut avouer que lui-même ne se connaît pas toujours assez, qu'il est tenté et qu'il lui arrive d'exagérer son droit. Comme, en définitive, il est représenté par des hommes, qui ont leur idée du bien et leurs impatiences, ces hommes s'irritent contre ce qui les arrête ; et comme aussi l'obstacle est la liberté individuelle, ils cherchent à la réduire autant que possible ; quelques-uns plus simplement la suppriment. Ainsi a fait la Convention, ainsi a fait le premier Empire. Si Napoléon avait vécu et réussi, il ne serait resté qu'une société officielle à qui l'Etat aurait dit chaque matin ce qu'elle devait penser, et qui aurait fidèlement suivi la consigne. Ces régimes sont tombés, mais il était inévitable qu'il restât quelque chose de leurs maximes, surtout si l'on songe qu'eux-mêmes succédaient à l'ancienne et longue monarchie, où l'idée de l'Etat était si forte. Quand l'Etat en arrive là, il est une tyrannie insupportable ; sans aller jusque-là, il peut être hors de sa fonction et dans l'excès. Il n'est pas tout, il est le tout ; il n'est pas chargé de penser, de vouloir, de vivre pour tout le monde, mais d'inviter tout le monde à penser, à vouloir et à vivre ; sinon, il se méprend sur lui-même, il n'est plus l'Etat, il est une police qu'un homme de cœur n'accepte point.

Le libéralisme, qui est la revendication de la liberté contre l'abus du pouvoir de l'Etat, fait son entrée, au dix-huitième siècle, dans les livres de philosophie, d'économie politique, dans les pièces de théâtre, jusqu'en 1789, où il est maître et fait l'ouvrage que l'on sait ; il s'éclipse bientôt, pour ne reparaître qu'au commencement de ce siècle, avec Mme de Staël, puis Benjamin Constant, puis les libéraux de la Restauration : au ministère, de Serre ; dans l'Opposition, Royer-Collard et les futurs 221 ; dans les lettres, Béranger, Courier et les journalistes qui devaient protester contre les ordonnances.

Cependant naissait, en 1824, un journal, le *Globe*, dont le large esprit nous est maintenant bien connu par les deux volumes d'articles de son fondateur et directeur, M. Dubois [1]. Il n'eut pas d'abord beaucoup d'influence sur les événemens, qui étaient conduits par de plus grandes forces ; mais il proclama, il défendit son principe, il s'attacha une élite, qui devait un jour avoir une autorité considérable.

Pendant toute cette période, le caractère du libéralisme fut donné par le caractère du gouvernement, par ce que l'on craignait de lui. Or, on craignait le retour de l'ancien régime, c'est-à-dire du pouvoir personnel, de la noblesse et de l'intolérance religieuse ; ce fut donc sur ces points essentiels que le combat se porta : on vit perpétuellement reparaître

---

[1] Deux volumes in-8°. Thorin.

la question électorale, d'où la composition du Parlement dépendait, la question de la liberté de la presse, garantie de toutes les autres, et, dans une mémorable occasion, la résistance à la loi du sacrilège.

Après la Révolution de 1830, ces soucis disparaissent ; d'autres les remplacent. Rassurée sur la nature du régime nouveau, la nouvelle Opposition veut maintenant qu'on y soit à l'aise : elle demande la décentralisation, la réorganisation des conseils départementaux, d'arrondissement, surtout des conseils municipaux et l'agrandissement du pouvoir des maires, la liberté des associations. Dans les trois volumes qui viennent d'être publiés des discours de M. Thiers, on voit reparaître constamment ces tentatives et aussi la résistance de l'homme qui tenait à asseoir l'autorité du jeune gouvernement. Tandis que ces amis un peu vifs du régime de 1830 répétaient leurs réclamations, il venait d'ailleurs d'autres réclamants qu'ils n'attendaient pas et qui désiraient, eux aussi, s'émanciper. Ceux-ci, moins préoccupés de la liberté politique, descendant encore plus avant, prétendaient obtenir les libertés civiles. Montalembert et Lacordaire n'attendent pas un an après la Révolution de Juillet pour commencer la campagne en faveur de la liberté d'enseignement et ouvrent de leur autorité privée une maison d'éducation, afin qu'on sache bien ce qu'ils veulent. On se rappelle leur procès, qui eut un si grand retentissement. Vit-on dès lors clairement la portée de cette première démarche ? Il s'agissait d'obtenir pour tous les citoyens une liberté dont le clergé seul avait le désir et était en mesure de profiter ; ce fut la première tentative d'émanciper en grand le clergé, selon la pensée de Lamennais, bientôt abandonnée par lui, mais qui ne devait pas être perdue. Il est à croire que l'opinion publique fut surtout alors touchée par le talent et la hardiesse de ces deux jeunes gens. Les démêlés du clergé et du gouvernement remplissent une grande partie du règne; en ce qui regarde l'enseignement, le projet de loi sur l'enseignement secondaire, amendé en 1844 par la Chambre des Pairs, était l'anticipation de la loi de 1850, en attendant la loi de 1875, qui ôte la propriété des examens et des grades à l'Etat.

On ne saurait trop admirer l'esprit de suite qui a été déployé dans cette campagne de quarante-quatre ans, et la profonde connaissance qu'on a eue du terrain de l'action. Ce pays, malgré les apparences, est au fond, très peureux : il s'émeut vivement dès qu'il perd l'équilibre, et ne se calme que lorsqu'il l'a ressaisi ; ami à la fois de la liberté et de l'ordre, il se passionne pour le bien qu'il n'a plus et l'autre le dégoûte. Dans ces crises, il ne se possède pas, il ne voit que le moment, sa passion à satisfaire. Quelle ne serait donc pas la force d'une puissance qui, constamment maîtresse de soi, observant le flux et le reflux de ce peuple, profitant de tous ses repentirs, lui dirait, selon les gens et les temps : « Je suis l'ordre, je suis la liberté ! »

Je néglige tout ce que ces questions peuvent avoir d'irritant, pour considérer l'unique objet qui m'occupe, pour remarquer à quel point depuis trente ans les idées sur l'Etat ont été troublées. Depuis cette époque on n'a plus paru comprendre pourquoi l'Etat crée des écoles : parce qu'il est de son devoir et de notre honneur que l'enseignement dans le pays se maintienne élevé; on affecte de le regarder comme

un particulier qui enseigne avec de plus grandes ressources que les autres, non sans injustice, puisqu'il
fait concurrence aux autres avec des ressources dont
ils lui fournissent une partie par l'impôt. En conséquence, on a établi au-dessus de lui et de ses rivaux
une autorité nouvelle, assez peu définie, mais qui a
l'avantage de tenir la place de l'ancien Etat et d'im-
poser par son nom : l'autorité de la société. On a ou-
blié de nous dire (c'était assez difficile), où la société
commence et où elle finit ; aussi, à chaque fois qu'on
s'y reprend, y a-t-il des élémens qui paraissent et disparaissent ; mais il s'est trouvé que le fond constant
était la magistrature et le clergé.

Tandis qu'on supprimait l'Etat dans l'enseignement, on travaillait à le supprimer dans l'administration, et de tous côtés on s'y est mis de grand cœur.
Les tentatives timides qui avaient été faites au début
de la monarchie de 1830 ne rencontraient pas des
circonstances favorables : elles avaient devant elles
un gouvernement qui avait besoin de s'établir ; le
pouvoir très concentré du second Empire leur donna
une singulière opportunité. L'Empire résista ; mais
ces théories lui survécurent et produisirent leur effet
dans l'Assemblée qui suivit. Pendant des années on
n'a entendu parler que d'autonomie, autonomie des
départemens, autonomie des communes, les uns
dans la bonne pensée de réveiller la vie publique,
les autres cherchant à mettre la force là où ils
croyaient qu'était leur appui. Si on ne s'était pas
arrêté, cette forte unité française, qui a coûté tant
de peine et qui nous fait ce que nous sommes, qui
nous donne la rapidité de la pensée et de l'action, se
gaspillait misérablement.

Le trait distinctif de la période qui part de 1848, c'est la confusion des idées, l'étrange concours des partis qui ont travaillé à l'œuvre commune de la diminution de l'Etat. Ceux qui se servaient du nom du libéralisme ont gagné ceux qui aimaient la chose. Ces derniers sont de deux sortes : d'abord les libéraux chevaleresques, qui auraient honte de rien refuser à des adversaires, puis les libéraux absolus. Il y a la religion, il y a aussi la superstition du libéralisme ; ceux-ci en ont la superstition : ils ont une foi sans réserves dans la liberté ; selon eux, elle fait tous les biens et guérit tous les maux ; leur nature est d'oser ; tandis qu'une société est assise dans des maximes reçues, eux, ils s'appuient sur l'avenir, ils se moquent des timidités qu'ils rencontrent, ils coupent le câble. Cependant que devient l'Etat ? Quels risques n'a-t-il pas courus et ne court-il pas dans cette émulation de le dépouiller ! Pour peu que cela continue, s'il en reste quelque chose, il n'en restera pas grand'chose ; chaque individu pourra répéter : L'Etat, c'est moi ! Encore conçoit-on l'avidité de ceux qui demandent ; mais on conçoit moins la facilité de ceux qui accordent. Fontenelle, fatigué des affirmations des philosophes de son temps, disait : « Je suis effrayé de l'horrible certitude que je rencontre partout autour de moi ; » on pourrait dire, à sa manière : « Je suis effrayé de l'horrible libéralisme que je rencontre partout autour de moi. » Il faut bien parler nettement : libéralisme chevaleresque ou libéralisme absolu, il y a un libéralisme qui consiste à donner ce qui ne nous appartient pas.

On est heureux de constater qu'à travers cette confusion le libéralisme vrai fait son chemin. Les pouvoirs des conseils de département et municipaux ont été étendus, la liberté des cultes dissidens va être consacrée sans aucune difficulté. On a dû remarquer que depuis longtemps déjà les livres ne sont plus guère poursuivis en justice. On les poursuivait pour des opinions sociales, politiques ou religieuses. Or, le socialisme a singulièrement perdu de son importance chez nous depuis une trentaine d'années : le bon sens inné de ce pays, aidé par les excellens enseignemens de l'économie politique et par quelques expériences, a fini par prendre le dessus, et on a compris ce qu'il y avait de vain dans l'artificiel pour guérir les maux de la classe ouvrière, répartir le travail et la richesse. A mesure que le danger s'est affaibli, la vigilance de l'autorité s'est aussi relâchée, et on se contente de plaindre les nations chez qui le socialisme a émigré, leur souhaitant de ne pas voir les terribles insurrections que nous avons vues, ces combats où il faut absolument vaincre, mais où on gémit de sa victoire, de punir de la même peine sanglante le crime, l'ignorance et la faim. Les procès intentés aux livres pour théories politiques ne seraient plus bien reçus. La dernière affaire de ce genre qui a fait un éclat, la saisie chez l'imprimeur du livre du duc Victor de Broglie, les *Vues sur le gouvernement de la France*, a eu si peu de succès, que depuis 1861 on ne paraît plus avoir été tenté de recommencer. Quant aux questions religieuses, qui étaient autrefois surveillées de très près et qu'il était périlleux de toucher avec une certaine indépendance, on peut assurer que la discussion qui s'interdit à elle-même les injures et se respecte est libre, depuis qu'en 1863 un écrivain a osé déclarer sa pensée et a couvert cette hardiesse

par le sérieux, l'élévation de son étude, son admirable talent de style et sa grande situation personnelle. C'est une date.

La presse n'est point persécutée : un grand nombre
de procès faits par les particuliers, très peu par le
ministère public, qui se contente du juste nécessaire
et à qui on ne demande pas davantage. Il en devait
être ainsi. Nous avons vécu pendant plusieurs années
sous un régime provisoire et indéfini: on a invité sys-
tématiquement tous les partis à faire connaître leurs
titres, le gouvernement a été mis au concours ; et
maintenant qu'un régime l'a emporté, en considérant
à travers quelles contradictions il est arrivé là, il se
croit assez fort pour laisser beaucoup dire ; il ne
croit pas toutes les attaques innocentes, mais il les
croit inoffensives, et cela lui suffit.

En même temps que la plume, la parole s'est émancipée dans les réunions sans que l'opinion paraisse
autrement s'en émouvoir. Pour les réunions électorales, c'était inévitable : le suffrage universel devait
amener la discussion universelle ; dans l'impossibilité
d'être partout à la fois pour maintenir partout la con-
venance et la mesure, et de réprimer ce qu'il aurait
entendu, le gouvernement a pris le parti de ne pas
entendre, sachant que cela finira et que son tour de
parler viendra.

Les réunions électorales sont de quelques jours, de
loin en loin; les conférences sont de tous les jours,
nous les avons vues naître. C'était dans les dernières
années du dernier régime. On s'était tu pendant
longtemps ; tout à coup on éprouva un besoin violent
de parler et d'entendre parler. De là vinrent les conférences, qui permettaient de satisfaire cette envie

sans inquiéter l'administration et promettaient de se renfermer dans la littérature, l'histoire, la morale et les sciences naturelles. Le gouvernement impérial fut longtemps en défiance : il sentait bien que c'était un vent nouveau qui se levait ; après avoir résisté tant qu'il put, il céda un jour et, voyant la faveur avec laquelle elles étaient accueillies, il les adopta et les apprivoisa, désirant que le public se contentât de celles qu'il lui offrait, et quand on lui en offrait d'autres, excluant certains sujets et certains hommes, n'accordant l'autorisation, quand il l'accordait, qu'avec une peine extrême et avec des retours, motivés à chaque fois par quelque circonstance qui ne manque jamais.

On peut dire qu'en France aujourd'hui la liberté d'écrire et de parler est grande. Le gouvernement est devenu plus hardi, et le pays aussi l'est devenu. La première fois qu'eurent lieu les conférences de la salle Barthélemy, les boutiques du quartier se fermèrent ; le ministre qui avait autorisé ces conférences envoyait et allait lui-même avec inquiétude voir s'il n'y aurait pas d'émeute ; il n'y eut pas d'émeute et les boutiques se rouvrirent. Qui aurait dit à nos pères que des réunions électorales de plusieurs milliers de personnes pourraient se tenir dans les centres les plus agités, sans qu'au sortir de là on démolît un gouvernement, et que des journaux pourraient se fonder sans cautionnement, sans autorisation, par une simple déclaration, qu'ils raisonneraient et déraisonneraient sur les sujets les plus délicats, qu'ils se répandraient chaque matin et chaque soir sur le pays et que le pouvoir resterait debout ? Le monde était provincial : il ne pouvait fermer l'œil à cause du tapage de la rue et du sol qui tremble ; il se fait parisien : il dort au bruit. On en a fini avec l'ancien préjugé, qu'il suffit qu'une chose soit dite pour que tout le monde la croie. Elle est dite et tout le monde ne la croit pas, et même, en la disant d'une certaine façon, on fait grand plaisir à ceux qui sont d'avis contraire, témoin le soin avec lequel chaque feuille recueille les paroles fâcheuses de ses adversaires! Elle les inventerait plutôt. Notre sagesse nous sert, mais la folie de nos ennemis nous sert bien plus encore ; c'est une excellente maxime de politique : quand nos ennemis veulent dire ou faire une sottise, ne jamais les en empêcher. Nous vivons désormais sous un régime de curiosité, de publicité, de discussion universelle, où chaque opinion, maîtresse de s'exprimer, est tenue en échec par les opinions contraires ! Le pouvoir arrête les actes et laisse passer les paroles, n'arrêtant les paroles que quand elles sont des actes.

Quel changement profond s'est opéré dans l'idée que le gouvernement se faisait de lui-même ! Pendant des siècles il s'est cru investi de la mission d'empêcher les luttes de naître ; il se regardait comme un précepteur qui devait écarter des yeux, des oreilles, de l'esprit de la nation tout ce qui risquait d'effleurer son innocence primitive. Durant le Moyen-Age, au seizième et au dix-septième siècle, il la préservait contre l'hérésie, au dix-huitième, contre la philosophie, au dix-neuvième, contre les théories politiques ; la censure, transmise de gouvernement en gouvernement, étouffait le mal dans le germe ; même après la censure disparue, il restait la pratique journalière de la saisie, qui n'était que la censure après coup, et les

avertissemens et les procès quotidiens. Tout ce système est renversé. Mentor élevait très sagement Télémaque ; par malheur, Télémaque s'est échappé ;
mais Mentor, qui connaît l'avenir, ne s'effraie pas :
il sait que le fugitif reviendra, ramené par l'expé-
rience, parce qu'il aura reconnu que, même quand
on est libre, on ne fait pas tout ce qu'on veut et qu'on
est plus d'une fois puni de ce qu'on a fait.

Nous avons essayé de nous représenter un peu plus
nettement ce que c'est que l'Etat et le libéralisme ;
pour venir à une conclusion pratique, il nous semble
qu'un gouvernement doit s'exécuter sur certains
points de bonne grâce, ne pas chercher à retenir ni
à ressaisir un certain nombre d'attributions acces-
soires que le temps et le progrès de la raison publique lui ont enlevées ; mais, qu'en revanche, il doit
s'attacher fortement à ce qui est l'essence même de
l'Etat, ne jamais céder la juste autorité qui lui a été
remise : elle n'est pas à lui, il n'en a pas le droit.

Après avoir parlé du libéralisme, parlons de la
démocratie, des dispositions qu'elle laisse paraître. La
démocratie est, comme on sait, le régime de l'égalité
sociale et politique. On ne s'attend pas à voir traiter un sujet de cette importance dans les quelques
lignes qui suivent. Je ne dirai qu'un mot de l'égalité
sociale ; quant au gouvernement démocratique, je
songe moins, je l'avoue, au gouvernement général et
abstrait, qu'à celui qui est ici en action et qui nous
touche de si près ; il me suffira de signaler la tendance naturelle, le secret instinct de cette sorte de
gouvernement, afin qu'on sache mieux où l'on va.
Nous sommes embarqués, il importe de reconnaître

les courans qui font qu'on marche ou qu'on dérive.

Voici, sur l'égalité sociale, le simple doute que je soumets au lecteur. On accuse la démocratie d'être un niveau passé sur la société; entendons-nous. Veut-on dire qu'une partie de la population s'élève? Oui. Veut-on dire que l'autre s'abaisse? Non. La vérité est que la distance entre les deux diminue; et qui osera s'en plaindre? Quand même autour de lui tout a monté, ce qui est haut reste haut et se mesure par son rapport à un point constant, par son élévation au-dessus de la bête ou de la vie sauvage. Faites que tous les individus d'une nation sachent lire, écrire, compter, chanter, dessiner, il y aura un plus grand nombre de gens qui sauront ce qu'il est fâcheux ou honteux de ne pas savoir; il y aura un plus grand nombre de demi-musiciens, de demi-peintres, de demi-écrivains; mais ce ne sont pas eux qui feront le niveau. Vienne un grand talent ou un génie, il efface tout: quand tout le monde peint ou écrit, lui, il ne peint pas et n'écrit pas comme tout le monde. L'intérieur d'une foule de familles peut être plus propre, plus orné, les vêtements plus décens, plus élégans, au risque des imitations maladroites; cela ne touche pas le vrai luxe et la suprême élégance. Pour achever, qui donc s'imaginerait qu'en éveillant partout le sentiment du devoir et du dévouement, il avilit la morale et met la sainteté et l'héroïsme à bon marché! Je ne suis pas sûr de la bonté de cet argument, que la démocratie élève ce qui est petit, abaisse ce qui est grand et établit une médiocrité universelle; laissons-le du moins en ce qui regarde les lettres, les sciences, les arts et la moralité, et c'est quelque chose dans la vie. Il semble donc que la question mérite d'être examinée à nouveau. Au surplus, on a tout loisir ; car, à quelque solution qu'on arrive, cette solution est sans effet : l'égalité sociale, désirée par les uns, redoutée par les autres, gagne de proche en proche ; le temps fait son œuvre, et le monde son chemin.

La France la possède depuis quatre-vingt-dix ans ; il y en a trente seulement qu'elle a l'égalité politique. Le gouvernement démocratique y est donc relativement nouveau, et si l'on tient compte des accidens survenus, il date de neuf ans, ou plutôt il est d'hier. On comprend qu'il ne se connaisse pas bien encore ; quiconque l'y aidera peut être utile.

Dans cette préoccupation, je viens de relire *le Contrat social,* en songeant à l'immense influence qu'a eue ce livre et qu'il a encore, car il est à peu près le seul où une foule de Français apprennent la politique. C'est une lecture peu rassurante, mais du moins bien instructive pour qui étudie ce qui se passe autour de lui. Qu'il soit permis à quelqu'un qui n'est pas suspect de malveillance envers la démocratie et la République, et envers Rousseau, de profiter de sa bonne réputation pour dire franchement sa pensée. Sinon, à quoi bon écrire ?

Le livre s'ouvre par cette admirable discussion philosophique, hautaine, spirituelle, éloquente, pleine de profonde raison et d'ironie acérée, d'où sort le principe, que le pouvoir social n'est fondé ni sur le droit du plus fort ni sur le droit divin, mais sur un contrat, et que la seule souveraineté légitime est la souveraineté nationale. Et quelle hardiesse, quand on pense que cela a été publié en 1762 ! Quelle prise de possession de l'avenir ! Comment ne pas suivre un tel guide ? On le suit donc, et aussitôt on apprend que le souverain est tout-puissant et infaillible, que c'est lui qui vous investit du droit de propriété, et qu'il a le droit de constituer une religion civile et de vous chasser du territoire si vous n'y adhérez pas. On apprend aussi, pour la pratique journalière, que le souverain ne peut pas se faire représenter, et si on se croit hors de l'atteinte de ce principe dans un grand pays, parce que le gouvernement démocratique ne convient qu'aux États petits et pauvres, on a à réfléchir sur cette déclaration :

La souveraineté ne peut être représentée, par la même raison qu'elle ne peut être aliénée ; elle consiste essentiellement dans la volonté générale, et la volonté générale ne se représente point : elle est la même, ou elle est autre ; il n'y a point de milieu. Les députés du peuple ne sont donc ou ne peuvent être ses représentants ; ils ne sont que ses commissaires ; ils ne peuvent rien conclure définitivement. Toute loi que le peuple en personne n'a pas ratifiée est nulle : ce n'est point une loi. Le peuple anglais pense être libre, il se trompe fort ; il ne l'est que durant l'élection des membres du Parlement : sitôt qu'ils sont élus, il est esclave, il n'est rien. Dans les courts moments de sa liberté, l'usage qu'il en fait mérite bien qu'il la perde. (Livre III, chapitre xv.)

Du reste, si l'élection ne peut s'appliquer à faire des représentans, elle peut conférer d'autres fonctions qu'on ne la charge pas toujours de conférer :

Quand le choix et le sort se trouvent mêlés, le premier doit remplir des places qui demandent des talents propres, telles que les emplois militaires ; l'autre convient à celles où suffisent le bon sens, la justice, l'intégrité, telles que les charges de judicature ; parce que, dans un État bien constitué, ces qualités sont communes à tous les citoyens. (Livre IV, chapitre III.)

Comme les idées, la forme du *Contrat social* est saisissante : il présente, dans une langue d'une force singulière, une suite de maximes absolues, tranchantes, qui ne permettent ni la contradiction ni le doute ; ce n'est pas un traité de politique, c'est un catéchisme ; aussi il fait des croyans et des apôtres. Rousseau ne serait pas toujours content d'eux : il trouverait que, plus d'une fois, ils exagèrent sa pensée ; il ne se rendrait pas compte qu'il les y a lui-même invités. On a remarqué qu'il ajoute souvent des correctifs à ses paradoxes ; cela est vrai ; mais il n'est pas moins vrai que, s'il donne ensemble les paradoxes et les correctifs, les paradoxes sont en saillie, subjuguent les esprits par leur fière allure, tandis que les correctifs sont modestes et comme perdus ; il met les erreurs en grands caractères, les vérités en petits ; or la foule ne lit que les grosses lettres.

J.-J. Rousseau est, en France, le prophète et le père de la démocratie ; le devoir de la démocratie est de ne jamais l'oublier ; une fois ce devoir accompli, elle n'en a plus qu'un, qui est de durer avec honneur, et, pour cela, de se surveiller elle-même avec la plus grande attention. Elle doit, par exemple, se défier de sa force. Quand un gouvernement est fondé sur le consentement de tant de volontés, il peut être tenté de se croire tout-puissant, que le peuple fait le juste et l'injuste, juste ce qu'il ordonne, injuste ce qu'il défend et qu'il n'y a de droits que ceux qu'il permet : on risque alors de tomber sous une tyrannie qui ne vous laisse absolument rien à vous. Il n'y a pas de plus grave et de plus funeste erreur. La nature humaine, la liberté humaine existent avant les sociétés et les gouvernemens, et sociétés et gouvernemens ne sont créés que pour elles, pour assurer le droit. S'ils servaient uniquement à garantir notre vie contre la violence des autres hommes et nous prenaient en échange notre liberté, ce serait nous faire payer leurs services trop cher, car nous vendrions l'âme pour sauver le corps.

Il faut espérer que de tels excès ne sont plus à craindre, et, au lieu de prévoir de pareilles crises, il vaut mieux insister sur quelque danger de la vie ordinaire. L'idéal de la démocratie est le gouvernement direct : elle se le donne dans les petits Etats, et s'il est visible que ce mode de gouvernement ne peut pas fonctionner dans les grands, elle ne se résigne qu'à regret, elle tâche de toutes manières de le ressaisir. De là le mandat impératif, par lequel elle envoie aux Assemblées des hommes qui ne pensent pas et ne veulent pas par eux-mêmes, qui ne pensent que ce qu'elle pense et ne veulent que ce qu'elle veut ; ils servent à porter sa parole et son vote. L'idée vraie du représentant qui, uni d'esprit avec ses commettans, d'accord avec eux sur l'essentiel, se réserve de réfléchir, d'écouter la contradiction, de consulter les temps, cette idée ne leur convient pas, parce qu'on a affaire à des hommes et qu'ils n'acceptent que des instrumens. Faute du mandat impératif, l'électeur tient du moins l'élu sous sa surveillance et ne le perd pas de vue.

Si cette entière dépendance venait à s'établir un

jour, on pourrait compter sur la parfaite médiocrité de toutes les Assemblées électives. Par bonheur, il y a sur bien des points du pays des hommes qui par leur intelligence, leur caractère, leur passé, leur situation personnelle, s'imposent et avec qui il faut compter ; ce sont ceux-là qui préservent la dignité des Assemblées. Par bonheur aussi, l'ensemble des électeurs n'atteint pas aisément à cette plénitude de l'idée démocratique : tandis qu'un certain nombre, ceux, il est vrai, qui parlent le plus et le plus haut, réclament des représentans à leur absolue ressemblance et dépendance, d'autres sont moins engagés dans les partis, et, contens d'une conformité générale entre eux et ceux qu'ils choisissent, n'exigent ni cette précision ni cette sujétion. Puisse cette race se conserver ! Mais il n'y a pas à se dissimuler qu'elle tend à disparaître de plus en plus et que l'ardeur de la démocratie ne souffre pas volontiers ces traînards.

Il faut bien l'avouer, la maladie des électeurs passe aisément aux élus : les représentans, surveillés par les électeurs, surveillent à leur tour le gouvernement avec le même zèle : démarches individuelles ou collectives, questions, interpellations, ordres du jour qui avertissent et menacent, votes contre un ministre ou un cabinet, sont la vie quotidienne ; ils ne laissent pas au gouvernement le temps de songer à mal, et, pour lui en ôter la licence, il leur plairait d'entourer chaque ministre d'un conseil électif sans lequel il ne puisse rien. Très-bien ! Encore faut-il qu'il agisse, car de toutes les fautes qu'il peut faire, la plus grande est de ne rien faire. Ce n'est pas une heureuse politique, d'empêcher le pouvoir délibérant de délibérer et le pouvoir exécutif d'exécuter, de vouloir que ce soient les électeurs qui délibèrent, et les représentans qui exécutent : il vaut mieux que chacun soit ce qu'il est. Il est étrange de créer un pouvoir et, aussitôt créé, de craindre qu'il n'existe. Alors, pourquoi le créer ? Et si c'était nécessaire, pourquoi ne pas accepter la conséquence ? C'est évident. Entre l'indépendance absolue et la dépendance absolue il y a un milieu excellent, la responsabilité. Que chacun, dans ses attributions, soit et se sente responsable, agissant et sachant que ses actes le jugeront. Pour les représentans, le terme ordinaire est de quatre ou cinq années, pendant lesquelles ils peuvent méditer, s'éclairer, chercher leur voie et dessiner leur conduite, en sorte qu'il y ait les élémens d'un verdict ; on pourrait bien laisser trois jours à un ministère, afin qu'il ait une histoire. C'est tout le moins qu'on lui accorde cela, pour se faire une politique, pour apprécier ce que demande l'état du pays, se représenter les forces amies ou ennemies, les moyens de les garder, de les paralyser, de se les concilier, classer les questions et les résoudre, réorganiser de grands services, aller à son but en consultant les hommes et les choses, pour aller sûrement, asseoir une politique extérieure sur des connaissances positives, enfin, concevoir, pour la conduite des affaires au dedans et au dehors, un plan qui doit se développer à ses heures. C'est l'ouvrage d'un gouvernement digne de ce nom ; il n'a rien s'il n'a pas un lendemain.

Le Parlement est maître de le lui ôter ; il fera bien de le lui donner. Il nous paraîtrait sage de ne pas pousser le système représentatif à outrance, de re-

noncer à mettre auprès d'un ministre de petits parle-
mens, à l'imitation du grand. Ce qu'un ministre a
absolument besoin de trouver auprès de lui, ce qu'un
conseil a absolument besoin de trouver en lui-même,
c'est l'indépendance et la compétence ; or, la compétence fait l'indépendance : elle marque la place d'un
homme dans un conseil, et presque toujours elle l'a
déjà appelé à quelque haute situation que tout le
monde respecte. La composition d'un conseil qui
n'est pas électif n'est donc pas pour cela arbitraire :
il est désigné d'avance, et il faudrait qu'un gouvernement eût bien peu de sens pour mépriser cette
désignation naturelle ; il se discréditerait sûrement.
Un tel conseil donnera au gouvernement des avis
éclairés. Il ne dispense pas de définir les droits des
personnes ; mais une fois ces droits définis, on peut
être assuré qu'il les gardera, car des hommes qui
jouissent de la considération publique ne vont pas se
déshonorer de gaîté de cœur. Le tort de l'élection
portée jusque-là est de donner à un ministre un conseil de tutelle, en sorte qu'il dépense à conduire son
conseil le temps et la peine qu'il dépenserait à conduire son ministère Or la fonction d'un ministre est
d'administrer. On l'empêche de marcher, de peur
qu'il ne tombe ; mais s'il ne se trompe pas, est-il
sûr que personne ne se trompe, et, au lieu des fautes
du ministre, ne risque-t-on pas d'avoir les fautes du
conseil ? car on n'a pas dit qu'il n'en commettra pas.

Ce qui est tenté là est intéressant, parce que c'est
une application particulière de la théorie plus générale qui tend à faire passer partout, autant que possible, l'administration des mains du pouvoir aux
mains des particuliers, par le moyen de l'élection.

L'application a été faite en grand dans la Révolution française ; en Amérique, les Etats nouveaux n'ont pas craint de faire nommer les juges locaux par le peuple. Il y a des esprits qui ont la foi absolue en l'élection et lui attribuent une grâce merveilleuse qui transforme à la fois l'électeur et l'élu, donnant à l'un la clairvoyance pour distinguer le mérite, à l'autre la capacité pour remplir un emploi. L'élection est le sacrement démocratique.

Jusqu'ici, en constatant l'attrait qui porte la démocratie vers le gouvernement direct, nous n'avons guère eu à signaler que le travail d'un instinct assez confus qui s'arrête devant la raison pratique ; en certains endroits, c'est une prétention déclarée. Il serait fort étonnant que le suffrage universel conservât invariablement une juste idée de lui-même, limitât lui-même ses droits et le respect qui lui est dû ; ce serait la première fois qu'on aurait vu une puissance donner un spectacle pareil. Aussi le respect a-t-il tourné, chez un grand nombre d'esprits, en idolâtrie : pour eux, le suffrage universel est un et indivisible, partout égal à lui-même, tout entier dans chacune de ses parties, dans dix mille hommes comme dans dix millions, quelque part qu'il se manifeste, gardant sa vertu, au-dessus des lois, parce qu'il est la loi. On ne réfléchit pas que sur différens points, au même moment, il se contredit, et qu'on établit une pure anarchie. On s'égare : il ne fait pas la loi, il fait des législateurs, ce qui n'est pas la même chose, et pour qu'il ait sa grande et légitime autorité, c'est bien le moins que le suffrage universel soit universel.

Nous étions destinés à voir mieux encore : un parti d'hommes qui détruisent le gouvernement et l'épar-

pillent partout pour qu'il y en ait pour tout le monde
et pour eux. L'unité française les gêne, un pouvoir
central qui maintient cette unité les gêne ; ils propo-
sent une fédération de municipalités, les malheureux !
ils découpent dans le pays trente-huit mille souverainetés, des souverainetés à leur taille ; comme la
France est trop grande, ils la mettent en morceaux.
Non, il n'y a rien à craindre de pareilles absurdités ;
mais on souffre quand on voit autour de soi des âmes
où l'idée de la patrie s'efface, où cette dernière religion vacille et s'éteint. Et quel temps on a choisi pour
ces expér.ences ! Il était encore permis de jouer aux
chimères lorsque la patrie était entière, vigoureuse,
et semblait invulnérable ; lorsqu'elle est mutilée,
honte à qui vient achever ce qu'a commencé l'ennemi !

Enfin, la démocratie devra modérer son amour
pour les formules. Ces affirmations concises, sous
forme d'axiomes, ont une grande séduction, mais
elles ne sont pas sans danger. Souvent elles empri-
sonnent la vérité : elles n'embrassent qu'une chose,
tandis qu'il y en a tant dans l'existence complexe des
sociétés ! elles conviennent au monde des abstractions, elles ne conviennent pas au monde de la vie et
on fera sagement de se défier de l'application de l'algèbre à la politique. Sans doute, il y a un moment où
ces grandes vérités vont bien : c'est quand la démocratie se fonde en détruisant un régime vieilli. Elle
proclame quelques principes éternels de justice mé-
connus et elle en fait la déclaration des droits ; mais
une pareille révolution ne s'accomplit pas tous les
jours ; tous les jours la société vit de ménage, c'est-
à-dire de ménagement : elle met les intérêts à côté

des intérêts, les droits à côté des droits ; elle ne méprise pas la prudence, qui enseigne les moyens pratiques de réaliser le bien que l'on veut et de ne pas le compromettre en l'appliquant. C'est cette nécessité qui fait qu'on délibère et que la délibération a des accidens, prend subitement de nouveaux aspects et change les opinions qu'on y avait apportées. La grande majorité d'un peuple n'a ni l'occasion ni le loisir de délibérer, et cette opération suppose d'ailleurs un calme d'esprit qu'il est difficile d'attendre de réunions si nombreuses, presque toujours soulevées par quelque vent de quelque coin de l'horizon.

Les formules ont le tort d'être étroites ; elles ont aussi le tort d'être impatientes : elles ne supportent pas les délais. Il faut pourtant admettre les délais dans les affaires humaines, car, si une nation change et si on peut l'aider à changer, on ne peut lui assigner un terme de rigueur ; la nature va son pas et on ne fait rien sans elle ; la maxime est bien sage : « Il faut donner du temps au temps. » La France sera volontiers républicaine, à condition que la République soit française : qu'elle ne prétende pas refaire tout d'un coup la nation à neuf et qu'elle lui laisse ses mœurs et son génie.

On appelle de différens noms les esprits amis des formules ; appelons-les poliment des logiciens. Le logicien donc est épris du raisonnement, il va droit devant lui sans rien entendre, sans rien voir : ni la nature de l'homme, ni la nature des choses, ni l'histoire, ni le temps, ni le lieu. Dieu vous garde de vous trouver sur son chemin ! Ce que nous en avons nous vient des souvenirs de la Révolution ; ils sont épris de la Convention et veulent la ressusciter, sans songer que les conventionnels ont été des hommes extraordinaires pour des temps extraordinaires et qu'ils ont travaillé sur le chaos. Qu'avant de nous rendre la Convention, ils commencent donc par nous rendre le chaos. Ils ne s'y refusent pas ; aussi bien, un monde qu'ils n'ont pas fait à leur idée n'est pas un monde ; laissez-les agir, ils referont l'œuvre des six jours et ne se reposeront pas le septième, car ils ne sont jamais fatigués.

En terminant, un dernier souhait à la démocratie : qu'elle se délivre des agités ! Il y a chez nous un certain nombre de politiques de cette humeur qui rendent l'existence bien difficile aux autres. Ils saisissent une question, ils l'enflamment, ils l'exaspèrent ; dès qu'elle commence à languir, ils en saisissent vite une autre qu'ils irritent de même ; ayant tout à faire, naturellement ils se lèvent de grand matin et ne permettent pas aux autres de dormir. Ce sont nos derviches tourneurs. C'est bon pour eux ; mais un peuple ne vit pas de politique : il donne des momens aux affaires publiques, puis il revient à ses travaux et à ses plaisirs. Les Français risquent de tromper ceux qui les observent : ils s'agitent quelquefois si vivement et avec un tel entrain, par exemple en temps d'élections, qu'ils semblent être là dans leur élément et ne pouvoir faire autre chose ; mais, au fond, ils ne se remuent que pour avoir le repos, et, quand ils l'ont, ils entendent s'y tenir. Si on ne les ménage pas, si on les condamne au mouvement forcé, la nature, à un moment, se venge et ils ont des sommeils terribles dont rien ne peut les réveiller.

Nous avons signalé un certain nombre de dangers qu'il importe aux démocraties d'éviter ; il y en a d'autres encore, mais on aurait tort de regarder comme étant de l'essence du gouvernement démocratique des caractères purement accidentels, destinés à disparaître. Ainsi, il ne saurait être indifférent que ce gouvernement se soit établi de lui-même, en pleine sérénité, comme celui des États-Unis, ou qu'il ait rudement combattu pour détruire un autre régime, et que, sur le point de se constituer, il ait été contesté, menacé chaque jour et à chaque heure, obligé de lutter avec énergie, sachant qu'il a vaincu ses ennemis, mais qu'ils sont là, prêts à recommencer. Lorsqu'un gouvernement est né de cette sorte, il lui en reste une sourde irritation, difficile à calmer, et longtemps il a trop d'amertumes et de colères pour travailler en paix à s'organiser. Il ne serait pas raisonnable de soutenir que le gouvernement démocratique est tel par nature, et il est évident que, s'il dure, cette disposition s'effacera ; on peut seulement lui conseiller, dans son intérêt, d'abréger cette période et de prendre les sentimens et l'attitude qui conviennent à un gouvernement qui ne doute pas de soi.

(4-8 mai 1879.)

V

LE CONCOURS GÉNÉRAL

Le ministre de l'instruction publique a maintenu au projet de budget de 1880 le crédit destiné au concours général des lycées et collèges de Paris. Tout porte à croire qu'il sera accepté cette année ; mais, s'il ne l'était pas par des raisons durables, l'institution serait en danger et pourrait disparaître dans un moment d'entraînement ou de distraction. C'est ce qu'il faudrait éviter.

Je ne conseillerai pas aux plus fervens partisans du concours général d'absoudre ou de glorifier tout son passé : ce ne sont pas ses ennemis qui ont inventé les spécialités forcées et la traite des lauréats ; on rencontrerait là des légendes et une histoire qu'il est plus sage de ne point réveiller. L'important est que ces anciens abus n'existent plus aujourd'hui ; or il est facile de s'en assurer par le bruit public et par la simple vue des palmarès, où les mêmes noms reviennent, témoignant que le succès n'est plus dû à l'application obstinée à un seul exercice, mais à la qualité des esprits. Je ne conseillerai pas non plus de défendre le concours général dans les proportions qu'il a prises : il y a là évidemment un abus et des sacrifices nécessaires.

Cela fait, je ne me chargerai pas de soutenir tous les argumens qu'on s'est plu à donner en sa faveur ; car on lui a attribué plus d'un mérite douteux. Ainsi, il n'est pas certain qu'il classe avec justesse les divers établissemens qui y prennent part. D'abord, il serait de bonne justice de comparer la population de ces établissemens ; puis on sait à quoi tiennent souvent les plus grands succès : à la présence de tel professeur qui peut être appelé ailleurs, ou de tel élève brillant, d'élève à concours, que la fortune a placé dans une maison plutôt que dans une autre et qui en sort toujours à quelque moment.

Je crois encore assez peu, faut-il le dire ? à la vertu du concours général comme moyen d'émulation entre les divers établissemens. Qu'on désire le succès pour sa maison, et qu'une fois le résultat connu, on s'attriste ou on se réjouisse, c'est naturel, mais c'est tout : la vérité est que chacun travaille pour soi, pour l'emporter sur les autres, étrangers ou camarades. C'est cette fausse idée d'émulation qui, dans des collèges d'avant la Révolution, faisait diviser les élèves de chaque classe en Romains et en Carthaginois, afin de rallumer, dans des combats de versions et de thèmes, les ardentes haines de Cannes et de Zama. J'ignore en combien d'endroits cet artifice se pratique encore ; du moins je l'ai trouvé, il y a quelques années, dans une maison de Versailles. Chargé, comme délégué cantonal, de l'inspecter, je me trouvais assis tantôt dans un camp, tantôt dans l'autre, et tâchais d'en prendre les passions : chez les Romains, je m'ef-

forçais de m'animer contre la foi punique, chez les
Carthaginois, contre la foi romaine; mais j'avais beau
faire : il me paraissait qu'elles se valaient, et je dé-
plorais l'esprit critique du siècle qui me pénétrait.
Aussi bien, les pauvres enfans ainsi rangés en bataille n'avaient pas trop l'air d'avoir une idée très
nette de ce que c'était que Romains ni que Carthaginois, et entre Annibal et Quintus Fabius Maximus
ils auraient préféré celui qui leur aurait donné une
heure de plus de récréation.

Enfin, il serait fort désirable que le concours général donnât la valeur absolue des esprits ; mais je
me contente de penser que, sauf des exceptions
éclatantes, il donne simplement une valeur relative,
une force comparée et quelquefois des perfections
sur des objets assez minces, en ajoutant qu'il y a là
des indications qui ne sont pas à dédaigner. L'Université ne garde pas toujours cette réserve : elle a
ses illusions maternelles et distribue volontiers l'avenir à ses lauréats. Pendant qu'elle les célèbre, le public critique est assez sévère pour eux, comme il l'est,
du reste, pour les prix de Rome. Il est sur ses
gardes : il s'imagine que tous ces jeunes gens, enivrés
de leurs succès, se considèrent comme des génies,
croient que tout leur est dû, l'admiration et les hon-
neurs, et il se révolte contre les prétentions qu'il
leur prête. De là les plaisanteries que l'on sait. On
peut se rassurer. Certes, il faudrait supprimer le concours général et les prix de Rome si l'on devait
donner aux lauréats un tel orgueil qu'ils prétendis-
sent désormais être à part, avoir droit à tout, être
nourris aux frais de l'Etat, être préfets ou ministres;
on n'aurait ainsi créé qu'une nouvelle classe de

déclassés, ce qui n'était pas nécessaire. Mais que l'on soit sans crainte : s'il y a des lauréats qui soient, le premier jour, dans ces idées, ils en reviennent promptement : dès le lendemain, après la première grâce du succès, ils rencontreront la réalité, leur orgueil s'abattra. Les prix d'honneur ont eu quelque temps l'exemption du service militaire, qui ne risquait pas de dépeupler les armées ; ils ne l'ont plus ; ils ne sont admis aux écoles du gouvernement que comme tout le monde, sur un nouveau concours ; le seul privilège qui subsiste est celui des prix d'honneur de rhétorique, qui ont pour un an leurs entrées au Théâtre-Français. Après quoi ils retombent dans la foule, qui attend et paie.

Laissant pour ce qu'elle est cette petite guerre, voulez-vous savoir ce que deviennent naturellement bon nombre de ces jeunes gens? La statistique nous apprendra sans doute comment, depuis l'origine du concours général, les lauréats se sont répartis entre les différentes professions ; elle ne dédaigne pas de moindres connaissances et nous a appris, il y a une couple d'années, combien de membres de l'Institut habitent sur la rive droite et combien sur la rive gauche, imprudence d'une science qui compte sans les déménagemens. En attendant, nous voyons qu'un certain nombre passent aux Ecoles polytechnique et normale, lauréats scientifiques aux deux, lauréats littéraires à la dernière. Presque tous les élèves de la section des lettres viennent de là : sur environ soixante-dix dont elle se compose, il n'y en a que trois ou quatre qui fassent exception. Pour citer les faits les plus récens, la promotion de 1878 a reçu cinq prix d'honneur, un des sciences, quatre des lettres. Et cela se comprend : ils apportent les mêmes qualités aux deux concours : des goûts sérieux et des facultés cultivées. Ils n'ont donc pas seulement un jour d'éclat ; ils deviennent une des forces de l'Université.

Cette considération pourra, je l'espère, recommander le concours général ; mais, même sans cette utilité précise, il ne saurait être indifférent à aucun de nous qu'il y ait en quelque lieu une vive excitation à étudier les sciences, l'histoire, la philosophie, les langues anciennes, et à bien écrire dans la nôtre ; pour mon compte, je suis touché quand je pense que cette ardeur occupe un âge qui est si aisément pris par les passions ou par les petites vanités, pires que les passions, et je me sens une grande indulgence pour ce qu'il peut y avoir d'enfantillage dans ces grandes solennités. Je désirerais, cela va sans dire, que le gouvernement actuel partageât mes faiblesses. La République a ce caractère, que chacun y est chargé de la chose publique ; son nom vient même de là ; le patriotisme républicain, préoccupé du bien général, n'aime donc guère que ce qui y va et ne comprend guère que ce qui y va tout droit ; il n'estime que les grands chemins et se méfie des sentiers, qui conseillent l'école buissonnière ; il veut des ouvriers et goûte peu les subtilités et les délicatesses auxquelles de beaux esprits s'amusent ; enfin, il sacrifie les fleurs aux fruits. La nature nous est plus clémente ; elle ne nous offre rien sans y ajouter quelque grâce : les jouissances des sens, l'amitié, l'amour, qui font qu'il est bon d'exister, la gaîté et l'héroïsme, qui charment les maux et la mort, ce quelque chose d'insaisissable et d'exquis,

l'art, qui met partout la joie et l'éclat, comme le
soleil. Ce sont les fêtes de la vie. Certaines nations
en ont moins besoin ; la nôtre ne s'en passe pas: elle
a le don de mêler le solide et le léger, en sorte que
l'un enlève l'autre. Je n'assurerai pas que dans le concours général tout est parfaitement solide, que les différens ouvrages ont la même valeur, que la gloire (il
y en a de toutes les grandeurs) est exactement pro-
portionnée aux mérites ; mais, en définitive, quelque
chose reste: le travail, le profit de l'effort, peut-être
une vocation qui se découvre à elle-même, et la réso-
lution de se distinguer. Rien de cela n'est méprisable.
Pardonnons donc, s'il y a à pardonner ; y eût-il là
quelque illusion, elle est si bien placée à cet âge ! Si
l'on tient absolument à placer la raison quelque part,
on pourrait la placer dans la politique, et, en tout
cas, nous la laisser, à nous qui avons depuis longtemps l'âge de raison : mais, de grâce, qu'on ne mette
pas la jeunesse française au pain sec !

(26 juillet 1879.)

VI

VICTOR COUSIN

ET LA PHILOSOPHIE DE NOTRE TEMPS

Victor Cousin est en disgrâce près de la nouvelle génération philosophique ; il n'y a pas de débutant qui ne lui jette sa pierre ; quelques-uns même se reposent après cela et semblent croire que c'est toute la philosophie. Il serait digne de ceux qui ont une réelle valeur de renoncer à une manie, et ils accueilleront peut-être avec plaisir des renseignemens sur un temps qu'ils n'ont pu bien connaître, quoiqu'il les touche de près.

On se rappelle ce que fut l'enseignement de la philosophie pendant l'Empire et la plus grande partie de la Restauration. Royer-Collard apportait chez nous la philosophie écossaise, Laromiguière corrigeait Condillac ; le talent des hommes était grand, mais ni dans la doctrine écossaise ni dans le condillacisme, heureusement réformé, il n'y avait de quoi passionner le public. Victor Cousin, dans la chaire de la Sorbonne et dans la conférence de l'Ecole Normale, quoiqu'il eût déjà le don de s'emparer des esprits, ne faisait que s'annoncer. D'ailleurs, ces divers cours durèrent peu : les cours publics furent plusieurs fois suspendus et l'Ecole Normale fut fermée. Dans les collèges, les leçons se faisaient en latin.

C'est en cet état qu'étaient les choses en 1828. On peut maintenant, à tête refroidie, juger ce cours de 1828, se défendre contre les surprises de cette éloquence ; la vérité est que Victor Cousin mit le feu à la philosophie ; et que fait-on en France sans cela ? Deux ans après, arrivait la Révolution de Juillet ; il était chargé de conduire le mouvement qu'il avait créé : il comprit bien que rien n'était gagné si on n'avait à sa disposition un personnel enseignant. Nommé, le 6 août, conseiller royal de l'Université, dès le 21 il fait déclarer l'ouverture d'un concours pour l'agrégation de philosophie ; le 11 septembre il provoque l'arrêté suivant :

Considérant que l'emploi de la langue latine dans l'enseignement de la philosophie est également défavorable à la philosophie, puisque la langue latine ne peut rendre qu'obscurément et imparfaitement beaucoup d'idées et d'expressions de la philosophie moderne, et à l'étude de la bonne latinité, que corrompait l'invention nécessaire de termes nouveaux ;

Considérant que l'argumentation en latin a les mêmes inconvéniens ;

Considérant en outre qu'il importe à tous égards de maintenir la prééminence de la langue nationale et populaire dans les matières philosophiques ;

Arrête ce qui suit :

Art. 1er. Les leçons de philosophie se donneront exclusivement en français.

Cependant les élèves feront de temps en temps des compositions en latin sur des questions de morale.

Art. 2. L'argumentation en latin est supprimée.

Art. 3. Le prix d'honneur de philosophie, avec les avantages qui y sont attachés, est transféré de la dissertation latine à la dissertation française.

A la même date, l'article du 13 mars 1821 qui prescrit que l'examen de philosophie du baccalauréat ès lettres sera fait en latin est supprimé ; il est statué que cet examen sera fait en français, et un programme des questions est mis à l'étude ; à la même date encore, toutes les matières étrangères à la philosophie qui entraient dans l'examen d'agrégation sont supprimées, et une juste place y est donnée à l'histoire de la philosophie ; l'examen est constitué tel qu'il est maintenant.

On avouera que ce n'était pas perdre de temps et qu'il était difficile de faire une révolution avec plus de décision et de sens. On pourrait, ce semble, s'en souvenir. Et il ne se reposa sur personne du soin de veiller à ce que ces mesures produisissent leur effet : membre du Conseil royal de l'Université, de 1830 à 1848, sauf deux années après son ministère ; chargé de la surveillance, puis de la direction de l'Ecole Normale, de 1834 à 1840 ; président du bureau de l'agrégation de philosophie jusqu'à la même date ; professeur à la Sorbonne, assistant aux thèses de doctorat ; membre de l'Académie des Sciences morales et politiques, dès 1832, à partir de la création, donnant les sujets de prix et jugeant les concours, il suit obstinément son idée : relever la philosophie en France. Il a réussi à faire ce qu'il voulait. L'enseignement des col-

lèges a passé aux mains d'une jeunesse instruite et
ardente qui, pénétrant peu à peu dans les Facultés,
les a réveillées. Quant aux études historiques, le
mouvement a été considérable : les thèses de Sorbonne, les mémoires d'Académie, devenus ensuite des
livres, les publications, les traductions des œuvres des
maîtres forment un ensemble de travaux qui a forcé
des étrangers dédaigneux, de compter avec la science
française. Et Victor Cousin ne se bornait pas à exciter
les autres : il a publié Proclus, Descartes, Abélard,
dont le *sic et non,* avec l'admirable introduction que
l'on connaît sur la philosophie du Moyen-Age ; il a
traduit Platon, introduit la philosophie d'Aristote,
il a poussé à traduire et à commenter la philosophie
de Kant, a parlé le premier chez nous de Fichte, de
Schelling, de Hegel, et a donné une histoire générale
de la philosophie, qu'il remaniait constamment, sans
préjudice de fragmens et d'articles de Revues, où il
mettait quelque point d'histoire en lumière. En fait
de doctrine, il rétablissait, contre la philosophie qui
avait prévalu au dix-huitième siècle et s'était continuée dans le dix-neuvième, l'activité propre de la
raison, le rationalisme. Tous ces services méritent
quelque respect.

La destinée de Victor Cousin a été singulière. Il n'a
eu d'abord pour adversaires que les ennemis de la
philosophie, qui ne lui pardonnaient pas d'avoir rendu
la faveur à cette science et d'avoir organisé l'enseignement des collèges, dont ils devinaient la puissance ;
plus tard, au contraire, ses adversaires ont été des
amis de la philosophie, qui pensaient qu'il la servait
mal.

Le prétexte saisi par les premiers a été la célèbre

phrase de la préface des *Fragmens* de 1826, repro-
duite dans l'édition de 1833 : « Le Dieu de la con-
» science n'est pas un Dieu abstrait ; un roi solitaire
» relégué par delà la création sur le trône désert
» d'une éternité silencieuse et d'une existence absolue
» qui ressemble au néant même de l'existence, etc. »
On se plut à voir là un monstre qui devait dévorer
les générations naissantes et qu'on appela le panthéisme. On négligea de dire si on entendait par ce
mot que Dieu était tout ou que tout était Dieu ; on
laissait à chacun le soin de l'entendre comme il voulait et on créait par cette équivoque deux crimes
contradictoires qui lui furent également reprochés.
C'était bien calculé, si bien, que même en 1879, dans
une discussion à la Chambre des Députés, on a eu le
plaisir de voir reparaître la citation, avec les commen-
taires qui dataient de 1833, et qui dans un certain
monde n'avaient rien perdu de leur fraîcheur. Victor
Cousin se borna à dire que le panthéisme était un
petit spectre à l'usage des sacristies. Toutefois, il
réfléchit au danger de s'aventurer sur ce terrain, et
cette phrase l'incommoda toute sa vie, comme une
phrase de jeunesse. Victor Cousin panthéiste ! Victor
Cousin croyant que Dieu est tout ! Quelle invention
bizarre ! Si quelqu'un était vivant, actif, c'était lui ;
si quelqu'un croyait qu'il était lui, c'était lui. Mais les
partis n'y regardent pas de si près. Qu'y avait-il, en
définitive, dans ce terrible passage ? La simple affirmation que le monde est intimement uni à Dieu, la
traduction timide du mot de saint Paul : « Nous vi-
» vons en Dieu, nous nous mouvons en Dieu, nous
» sommes en Dieu », une traduction affaiblie de

quelques lignes de Fénelon, dans son *Traité de l'existence de Dieu,* lignes que plusieurs éditeurs n'ont pas osé conserver, enfin, une doctrine qui reparaît perpétuellement dans l'histoire de la philosophie sous les noms les plus respectés. Mais Victor Cousin avait le tort de n'être ni apôtre ni évêque, de professer la philosophie pure et d'être à la tête de l'enseignement philosophique de l'Université.

Le panthéisme a paru fade. Veut-on quelque chose de plus effrayant? L'excellent M. Laurentie rapporte, en 1872, la confession que lui a faite jadis un jeune homme qui avait été très troublé par les leçons de Victor Cousin, au temps des grands succès de la Sorbonne, et qui, à la fin d'une leçon, vint lui avouer son trouble et lui demander de l'apaiser. Victor Cousin s'était approché de son oreille et lui avait dit mystérieusement, de sa voix la plus grave : « Il n'y a pas de Dieu. » M. Laurentie racontait sérieusement (il en frémissait encore en 1872) l'histoire de ce pauvre fou ou de ce jeune imbécile.

Les attaques des adversaires de la philosophie contre la philosophie de Victor Cousin ne lui ont fait aucun tort ; les attaques des amis de la philosophie ont eu plus d'effet, et il est curieux de suivre la série des causes, légitimes ou non, qui ont fait prendre aux esprits une direction nouvelle. Il en est deux, le reproche d'éclectisme et de philosophie officielle, qui ont fortement agi et qui méritent une attention particulière. Nous étonnerons peut-être ceux qui répètent aujourd'hui encore ces accusations en leur disant qu'elles sont parfaitement injustes. Si Victor Cousin a été éclectique, au sens où l'on prend ce mot, il l'a

été si peu de temps et si peu! Quant à l'existence
d'une philosophie officielle, ceux qui étaient bien
placés pour la voir ne l'ont pas vue.

L'éclectisme se présenta, il faut l'avouer, d'abord
avec une singulière hardiesse : ce n'était pas moins
que l'achèvement de la philosophie. Tous les grands
systèmes ont paru; ils sont au nombre de quatre :
sensualisme, idéalisme, scepticisme, mysticisme, qui
s'expriment chacun avec la même confiance en eux-
mêmes et la même exclusion des autres : il n'y a
que les sens, il n'y a que la raison, il n'y a que le
doute, il n'y a que la foi. Chacun d'eux est vrai par ce
qu'il affirme, faux par ce qu'il nie; supprimez ces
quatre mots : *il n'y a que*, vous avez la vérité, avec
ses quatre élémens : les sens, la raison, le doute, la foi,
qui sont tout l'esprit humain. Victor Cousin se flatta
évidemment alors d'avoir trouvé un procédé pour
ainsi dire physique de philosopher, une sorte de machine philosophique, comme Pascal avait cherché une
machine arithmétique, et ce fut ce qui frappa ses auditeurs, ce qui fit croire à l'apparition d'un nouveau
système. On n'en douta plus quand il l'appliqua à la
politique, montra les trois élémens dont se compose
la vie nationale : la royauté, l'aristocratie, la nation,
permettant à chacun d'eux d'exister pour sa part,
lui défendant d'être tout, et tirant de là la Charte de
1814, aux applaudissemens du public. Comme la philosophie, la politique était achevée.

S'il le crut, il ne le crut qu'un moment; bientôt il
sentit ce qu'il y avait là d'illusion et fit l'éclectisme
plus modeste; il se borna à l'entendre au sens de
Leibniz, comme un esprit d'impartialité et d'équité,
qui cherche ce qu'il y a de bon dans les divers sys-

tèmes ; il le définit avec la plus grande précision dans une lettre qu'il m'écrivait le 5 novembre 1863 :

L'éclectisme est une méthode purement historique. C'est entre des systèmes philosophiques nombreux et des systèmes grands et différens qu'on peut porter une critique à la fois profonde et bienveillante qui seule nous y peut faire discerner et choisir ce que chacun d'eux a de vrai, mais à la condition qu'une tout autre méthode nous ait appris ce qui est le vrai. L'éclectisme est la lumière de l'histoire, mais le spiritualisme repose sur une psychologie exacte. Il n'appartient qu'à très peu de personnes de parler d'éclectisme ; il y faut de vastes connaissances historiques qui ne sont pas de tous les temps et de tous les esprits. Descartes et Locke ne savent pas un mot d'histoire ; mais Platon, mais Aristote, mais Plotin, mais Leibniz, mais Schelling et Hegel ne regardent pas seulement l'avenir, ils regardent aussi le passé, et, pour le comprendre, je leur défie bien de ne pas être éclectiques, qu'ils le sachent ou qu'ils l'ignorent.

J'espère que cette définition donnera envie d'être éclectique à quelques philosophes qui avaient horreur de l'être. Mais, quelle que soit la vérité sur ce point, il est certain que l'opposition contre l'éclectisme a porté coup. Victor Cousin n'a jamais fait de rétractation ; il s'est borné à ne plus parler du premier éclectisme, et à recommander le second, qui était trop raisonnable pour exciter de violentes amours et de violentes haines. On s'efforçait donc de détruire le premier, quand il n'existait plus. Quoi ! disait-on, en philosophie, en politique, en art, en tout, tout est trouvé ; il n'y a plus de place pour l'invention, plus de place pour le génie ; la fécondité de l'esprit humain est épuisée ! A nous, tard venus, il ne reste plus qu'à mêler, à combiner ce qui existe déjà, dans des ouvrages sans originalité et sans vigueur. Le monde est fermé! A ce cri, les grandes et les petites passions, les vanités personnelles et les justes ambitions pour l'homme se révoltèrent. La révolte dure encore.

La protestation contre une prétendue philosophie officielle vient d'un pareil malentendu. Sans doute Victor Cousin avait une philosophie personnelle, si du moins on peut appeler personnelle une doctrine qui se bornait à recueillir les croyances communes à la plus grande partie de l'humanité, et il n'est pas surprenant que des hommes qui avaient les mêmes croyances aient travaillé avec lui ou sous lui, car partout où il était, il était le premier ; mais de là à une doctrine imposée officiellement il y a loin. En vérité, quelle idée se fait-on de nous, si l'on s'imagine que nous étions capables de professer une philosophie de commande ? MM. Simon, Saisset, Vacherot, Paul Janet, etc., n'étaient pas hommes à aller à l'ordre dans le cabinet de personne, même de Victor Cousin, pour savoir ce qu'ils devaient enseigner. Quand Victor Cousin allait chercher, en dehors de l'enseignement, MM. Barthélemy Saint-Hilaire et de Rémusat, pour les appeler à l'Académie des Sciences morales et politiques, ce n'était pas pour leur docilité, mais pour les services qu'ils avaient rendus et rendraient à la science. Se représente-t-on M. Barthélemy Saint-Hilaire ne croyant qu'à demi aux opinions qu'il professe et M. de Rémusat pensant officiellement ? Et nous tous, simples professeurs de collège, mais le cœur indépendant, nous n'avions pas une doctrine que nous endossions et quittions

avec la robe ; nous enseignions le spiritualisme parce
que nous étions spiritualistes, et nous le sommes
restés. Qu'on le sache bien, en quelque temps que ce
soit, ceux qui, moins fermes que nous l'étions dans
ces principes, s'approchent de la jeunesse, songent
qu'elle va entrer dans la vie, qu'elle aura besoin.
d'honnêteté et de courage pour en supporter les ten-
tations et les épreuves ; ils sont saisis de respect devant elle et ils prennent ce qu'ils ont de meilleur
pour le lui donner.

Il y avait plus d'apparence de raison dans le reproche qu'on adressait à Victor Cousin de faire la
philosophie trop humble devant la religion. Préoccupé de l'organisation de l'enseignement et de la
création d'un personnel enseignant, il sentait combien cette œuvre était importante et qu'elle valait
bien quelques sacrifices. Il s'imposa donc une extrême prudence, il se surveilla avec la plus grande
attention pour ne pas la compromettre : il se re-
trancha les questions périlleuses, celles précisément
qui éveillent davantage la curiosité, dissimula les
contradictions entre la religion et la philosophie,
exagéra l'harmonie, annonçant qu'il ne prétendait
qu'à établir une philosophie sur laquelle la religion
pût asseoir ses plus hautes vérités ; enfin il avait fait
un concordat entre la philosophie et la religion, concordat où la part de la philosophie était un peu
modeste. Il était difficile de maintenir cet équilibre
instable. Aussi des esprits jaloux de l'indépendance
de la raison réclamèrent pour elle le droit de poser
tous les problèmes, de les résoudre tous à ses risques
et périls, et de ne pas s'arrêter devant les solutions
religieuses. Sans cela, disaient-ils, ce n'est plus phi-

losopher. Ils ne se bornèrent pas à maintenir la liberté de la raison devant la religion ; on passa plus loin et on entreprit d'examiner la religion elle-même. Le concordat s'en allait en ruines.

Restreinte, au dehors, par la religion, la philosophie se restreignait encore elle-même par l'autorité qu'elle donnait au sens commun, à l'imitation de la philosophie écossaise. Il faut user de tout avec modération, même du sens commun. Il est la règle de la raison, il n'est pas la raison même ; il est le frein, il n'est pas le mouvement. On peut le posséder au plus haut degré et n'avoir pas au moindre degré l'esprit philosophique, qui est l'esprit de recherche. Puis, on est tenté par la commodité d'y faire entrer des principes qui n'en sont pas, et alors, de quelque côté que la raison se tourne, dès qu'elle veut marcher, elle se heurte contre le mur. La philosophie donc se sentit emprisonnée dans le sens commun et résolut de forcer sa prison.

La méthode même que Victor Cousin recommandait avec instance, la méthode d'observation et d'induction ne paraissait pas laisser à la philosophie la latitude nécessaire : on trouvait que ces procédés, employés exclusivement, retiennent trop l'essor de la pensée, et qu'il arrive un moment où ils ne suffisent plus, où il convient de recourir à des procédés plus hardis. Il y va donc de la haute spéculation et de la métaphysique. Victor Cousin s'est posé certainement à lui-même les inévitables questions sur la nature, l'origine et la fin des choses, il a certainement reconnu aussi notre faiblesse devant ces terribles problèmes ; mais rien dans ses écrits ne laisse deviner qu'il en ait souffert. Lorsque, au commence-

ment, il lui plut de voir les difficultés; il avait une
manière victorieuse de les attaquer et de les emporter; lorsque, plus tard, il s'aperçut qu'on n'en
vient pas si aisément à bout, au lieu de s'y consumer,
au risque de la critique du public et des foudres de
l'Eglise, pressé d'agir, il organisa l'enseignement des
collèges, qui ne pouvait être que dogmatique, et se
borna à poursuivre une rédaction de plus en plus
parfaite de cet enseignement. Jouffroy avait le
trouble intérieur, dont Victor Cousin était incapable.
Il suffisait de les regarder pour comprendre la diffé-
rence des deux hommes : la physionomie de l'un,
mobile, toujours en action, physionomie de feu ; de
l'autre la longue figure, pâle, maladive, mélanco-
lique. C'était bien l'homme qui avait écrit les pages
émouvantes sur le problème de la destinée humaine
et le récit dramatique de cette nuit de l'Ecole-Nor-
male où il vit s'évanouir les croyances de sa jeunesse ; il représentait bien cette chose humaine qui
est l'honneur de la pensée : le tourment.

A défaut de certaines audaces et de certaines aven-
tures, la philosophie, contente d'observer l'homme,
demeure une science assez respectable : mais il aurait
fallu lui donner de l'espace. Victor Cousin a le tort de
trop la réduire à l'observation intérieure, à l'observation de la conscience par la conscience, les yeux fer-
més. De toutes parts on sollicite le philosophe à sortir
de ce tête-à-tête éternel avec lui même ; on lui offre
une plus riche étude. Les voyages montrent l'humanité dans sa diversité infinie ; l'histoire est l'homme
en action ; quelle analyse de l'esprit que l'étude des
langues ! et l'étude des religions, quelles révélations
elle fournit sur le fond le plus mystérieux de la na-

ture humaine ! Pourquoi ne pas étudier l'enfant dans
sa naïveté, et la maladie et la folie, c'est-à-dire le
jeu de notre raison soustraite à la volonté et sous
une puissance étrangère, celle du corps ? Pourquoi
ne pas pousser aussi loin que possible la connaissance de ce corps, qui est bien l'homme aussi ? Et les
sciences physiques, est-il indifférent d'en ignorer les
grands résultats ? Est-ce que l'ordre qui est au dehors de nous n'a rien à nous apprendre sur l'ordre
qui est au dedans ?

Veut-on se réduire à l'observation solitaire de la
conscience, soit ; la philosophie est maîtresse de
restreindre son champ, comme celui du microscope,
pour l'éclairer plus vivement. Victor Cousin ne s'y
prêtait pas : il aimait à tracer les grandes lignes de
la philosophie, l'ordonnance générale ; il ne se serait pas plié aux observations minutieuses auxquelles
il faut pourtant arriver et auxquelles les sciences
naturelles doivent actuellement leur crédit. Même
cette observation, chez les autres, l'impatientait
quelquefois ; ainsi il disait d'Ad. Garnier : « Il
» m'ouvre une foule de petites lucarnes ; je veux
» de grandes fenêtres donnant sur la philosophie. »
Mais aujourd'hui, on ne philosophe plus par la fe-
nêtre ; il faut descendre et voir tout de près.

Les événemens achevèrent l'ébranlement des esprits, et l'influence de Victor Cousin fut profondé-
ment atteinte. En 1844, il est encore le chef du personnel philosophique, et sa campagne à la Chambre
des Pairs, dans la discussion du projet de loi sur la
liberté de l'enseignement, fait de lui, aux yeux de
tout le monde, le défenseur brillant et redoutable de
l'enseignement de la philosophie ; en 1845, l'ordon-

nance royale du 7 décembre, provoquée par M. de Salvandy, modifie le Conseil royal de l'Université, le compose de trente membres au lieu de huit, et l'action, concentrée auparavant entre ces huit personnes, noyée maintenant dans le nombre, revient au ministre. Puis survient la Révolution de Février : le pouvoir, d'abord aux mains des républicains, passe à différentes mains pendant les années de réaction et de préparation de l'Empire, mais il ne revient pas aux mains de Victor Cousin, et l'Empire montre dès le début l'aversion dont il est animé pour la philosophie : il supprime l'agrégation spéciale qui recrutait le personnel de l'enseignement, et supprime jusqu'au nom de philosophie, qui ne s'appelle plus que la logique; les programmes sont adaptés à sa nouvelle condition. Le mal est que Victor Cousin laissa faire sans protester. Ceux qui l'ont approché alors, depuis ce temps jusqu'à la fin de sa vie, ont été souvent blessés : il parlait trop humblement de la philosophie; il parlait aussi de l'empereur avec une faveur qui rendit la conversation entre lui et plusieurs de ses plus anciens amis, impossible ou bien difficile. Dans son admiration pour Richelieu, il se réjouissait de voir à la tête du pays quelqu'un de sa race : « Vous avez un politique », aimait-il à dire, et il traitait avec mépris tout ce qui faisait obstacle à ce politique. Il est vrai qu'au moment du Congrès de Paris, avant la guerre du Mexique, avant Sadowa, avant 1870, l'illusion était peut-être justifiée; mais il n'était pas permis à un philosophe de négliger si lestement les origines, et si on ne pouvait pas prévoir, il fallait du moins ne pas oublier.

On pense ce que la popularité de Victor Cousin dut

en souffrir ; il fut possible à un homme d'esprit,
M. Taine, de publier le livre piquant et injuste sur
les Philosophes français au dix-neuvième siècle.
Pourtant la simple équité demande de reconnaître
qu'il n'a pas mérité la violence des attaques qui
fondirent sur lui. En définitive, à l'égard de l'Eglise
et de l'Empire il s'en est tenu aux paroles ; les actions n'ont pas suivi. Il n'a donné à l'Eglise aucun
gage dont elle pût se vanter ; quant à l'Empire, il n'y
a été rien et n'a voulu y rien être. Il avait jadis
connu personnellement l'empereur. Invité à déjeuner
aux Tuileries, il s'excusa galamment sur la crainte
qu'il avait de ne pouvoir résister aux séductions, et
il resta admirateur privé et gratuit du pouvoir qui
eût été heureux de se l'attacher. Il savait qu'il y
avait un fossé entre lui et l'Eglise et l'Empire ; il s'a-
vançait jusqu'au bord, se confondait en protestations
et en gestes, mais il ne le sautait pas. C'est quelque
chose que cela. L'avenir lui en tiendra compte ; ses
contemporains le remarquèrent à peine. Il ne lui
vint pas non plus à l'idée de changer de monde : il
resta dans la société de ses amis de l'Opposition :
MM. Thiers, Mignet, Barthélemy Saint-Hilaire, qui
devaient avoir si cruellement raison.

Nous avons essayé de représenter les causes diverses qui ont peu à peu usé l'autorité de Victor Cousin, un moment si puissante. Chose curieuse et vraiment caractéristique : l'Ecole, comme on l'appelait,
ne fut pas atteinte ; elle n'avait pas eu à s'insurger,
parce qu'elle avait toujours été indépendante, et
l'opinion, qui savait cela, ne l'enveloppa point dans
la défaveur où Victor Cousin tomba. Elle se compo-
sait d'hommes qui étaient eux-mêmes, suivaient leur

voie, et ont continué de la suivre à travers les vicissitudes par où a passé la philosophie, recherchés par les esprits libres qui échappent à la mode, puissante là comme partout. Prenez les noms de ceux qui, occupés de questions de doctrine, auraient pu être enveloppés dans la défaveur qui atteignait le maître. Damiron, timide, né disciple, s'effaçait dans l'ombre de Victor Cousin et de Jouffroy. Il osa au début et à la fin de sa vie. Au début, il publia l'*Essai sur la philosophie en France au dix-neuvième siècle*, ouvrage agressif qui se lit encore avec plaisir ; à la fin, pendant ses séjours à la campagne, il faisait à des auditeurs rustiques, ce qu'il appelait « sa Sorbonne des champs », des leçons d'une grande élévation et d'une onction touchante, où il versait tout ce qu'il y avait en lui de sentiment non employé. Emile Saisset aimait les questions épineuses de théodicée, que Victor Cousin redoutait ; son esprit fin et subtil s'y reconnaissait et il se prononçait avec une fermeté croissante : dans un de ses derniers discours à la Sorbonne il sortait du vague où était tenue l'idée de la Providence et affirmait nettement l'immutabilité des lois de la nature. Il était en plein développement quand il a été arrêté par la mort. M. Jules Simon, toujours à l'aise dans ce qu'il fait, passait de la métaphysique de Platon, d'Aristote, de l'école d'Alexandrie, à la religion naturelle et à la morale sociale et se faisait une province dans la philosophie. La politique l'attendait. M. Vacherot philosophait avec sa parfaite naïveté, indépendant, s'il en fût, sans la moindre ostentation d'indépendance. Il était un peu Alexandrin quand il étudiait l'école d'Alexandrie, un peu Hegelien quand il étudiait l'Allemagne ; il a un tel besoin de comprendre ce qui se présente à lui, il pousse si loin les reconnaissances qu'il se laisse prendre quelquefois; mais il ne manque pas de revenir chez lui, parce qu'il aime avant tout à se comprendre lui-même. Doué d'une rare faculté de s'abstraire et d'une singulière intensité de pensée, incapable de faire quelque chose sans passion, surtout la chose pour laquelle il est né, la recherche philosophique, il donne, à ses heures, de précieuses études de philosophie et, sans le chercher, il s'est trouvé être un écrivain. M. Paul Janet était ce qu'il ne peut pas ne pas être : l'esprit le plus sincère, le plus ouvert, inquiet et en crainte perpétuelle de méconnaître quelque vérité dans une idée étrangère ; avec cela un art de poser, de diviser les questions, une dialectique d'une souplesse et d'une vigueur qui n'est qu'à lui. Qui donc a parlé plus librement de l'éclectisme, du vivant de Victor Cousin, que cet ami de Victor Cousin? Il ne pensait pas qu'on pût se fâcher de la vérité; il estimait trop son maître pour croire qu'il perdrait rien de son affection par cette critique ; il ne se trompa point, et ce qui se passa là fut bien honorable pour les deux. Comment oublier Amédée Jacques, fondateur de la *Liberté de penser,* dont le premier numéro fut publié en décembre 1847, et qui répondit à son titre; et avec Amédée Jacques, Barni, le maître et l'élève, francs de parole, de plume et de conduite, tous les deux tristement disparus? Amédée Jacques, après le coup d'État, quitta la France, acheta, pour vivre, une boîte de photographe, et mourut sur un chemin dans l'Amérique du Sud. Barni, le traducteur de Kant, dont il adopta la rigide morale, partit pour la Suisse, fit des cours, des livres pour défendre la

philosophie, le dix-huitième siècle, la Révolution ;
puis, au début de la République, nommé à la Chambre
des Députés, saisi par la maladie, eut à peine le temps
de s'y montrer et ne connut pas la réparation égale à
la souffrance. MM. Franck et Caro ont aimé la polémique. M. Franck, après les services qu'il a rendus
à la science, en a rendu un nouveau : il a défendu
l'esprit, la méthode, les habitudes de la philosophie
française contre les invasions. M. Caro, conservateur
militant, dépense son éloquence et son esprit, dont il
a beaucoup, contre les doctrines qu'il juge dan-
gereuses, sévère pour les idées, plus juste pour les
hommes, car il a une qualité excellente : l'amour du
talent.

On se demandera ce que c'était donc que l'École
avec une pareille diversité. Ce n'était pas une école,
c'était un atelier où chacun travaillait, le maître
pressant les autres et donnant l'exemple. En philosophie dogmatique et en histoire de la philosophie, il
n'avait rien achevé, mais il savait ce qu'il restait à
faire et il pressait ceux qui l'approchaient de le
faire. Il semblait que Descartes lui appartînt : il
l'avait édité ; dans son désir de s'abriter derrière un
grand nom, il avait présenté au public un Descartes
irréprochable, innocent de Spinoza ; il n'encouragea
pas moins M. Bouillier à écrire l'*Histoire du carté-
sianisme*. Il semblait aussi qu'il se fût attribué
l'étude de l'idée du beau, qui occupe un tiers du volume que l'on connaît ; il n'invita pas moins l'Académie à mettre la question au concours, comme si
elle eût été neuve ; c'est de ce concours que sortit
l'ouvrage de M. Levêque, *la Science du beau*, qu'il
protégea hautement. Chose admirable dans un au-

teur ! il n'avait pas de « chasse réservée. » Ceux qui connaissent le monde des écrivains et les terribles compétitions qui s'y élèvent, apprécieront cette libéralité. Si quelqu'une de ces thèses, même de ces thèses d'histoire de la philosophie, où l'erreur semble moins pardonnable et où il est plus pénible d'être repris, était réfutée, il avouait et montrait la plus grande considération pour celui qui l'avait vaincu.

On voit dans la correspondance de jeunesse d'Edgar Quinet qu'après quelque temps d'un commerce où il apportait à Victor Cousin l'hommage de la plus vive admiration et recevait de lui des promesses de gloire, tout à coup Victor Cousin parut se refroidir, et Edgar Quinet attribue ce refroidissement à la jalousie. L'insinuation n'est pas précisément très modeste ; et puis Victor Cousin jaloux ! Comme c'était peu le connaître ! Mais l'accusation n'en a pas moins été acceptée par la presse actuelle. Il n'était pas jaloux des uns, parce qu'il sentait son prix ; il ne l'était pas des autres, parce qu'il était à genoux devant le vrai mérite. Il fallait l'entendre parler des hommes avec qui il vivait au Conseil royal, de Poisson, de Poinsot, de Cuvier, et qu'il voyait aux prises avec les affaires. Il était très humble devant eux ; il est vrai qu'en se mettant si bas, il y mettait quelquefois avec lui d'autres qui ne l'avaient pas demandé. Ainsi, lorsque Poisson mourut, il me dit, en façon d'oraison funèbre : « Ce n'était pas un cuistre comme un tel et moi, » et il nommait un des principaux personnages de l'Université. Jusque dans l'art d'écrire où il a tant brillé, il se mettait à sa place, ni trop bas, ni trop haut. Ceux d'entre nous qui ont été ses secrétaires l'ont vu à l'ouvrage. Il dictait en se promenant ; peu à peu il s'échauffait, et alors, c'était une merveilleuse improvisation qui durait plusieurs heures, souvent assez avant dans la nuit. Il allait au hasard de sa verve, osant tout, ne voulant rien reprendre, puis il laissait reposer et revoyait le lendemain à tête reposée. Quelle école c'était que cette révision, retranchant, resserrant, rajustant, impitoyable, avec des scrupules d'artiste consommé qui ne veut rien laisser d'indigne du public et de lui ! Quand il avait commencé à écrire, il avait été séduit par J.-J. Rousseau qui, disait-il, lui avait fait beaucoup de mal; plus tard, lorsqu'il s'approcha de Pascal, il se dégoûta de Rousseau et s'éprit de la simplicité ; il la trouvait, mais il l'avait cherchée et ne put jamais atteindre à la simplicité naturelle qu'il admirait chez les maîtres et qui enchante chez M. de Sacy. Il sentait douloureusement ce qui lui manquait et se jugeait avec modestie. Je me rappelle l'avoir vu, une fois, assis, la tête penchée, les bras tombants, dans l'attitude d'un profond découragement. La *Revue des Deux Mondes* lui avait envoyé une épreuve dans une feuille d'épreuves de George Sand. Il s'était laissé aller à lire les pages qui lui arrivaient ainsi, s'était laissé entraîner par ce fleuve d'éloquence et de poésie et n'avait plus le courage de regarder son propre écrit. Tel est celui qu'Edgar Quinet, dans sa jeunesse, a cru un moment jaloux de lui. Ce qui est à croire, c'est que Victor Cousin méditait déjà le jugement qu'il devait porter plus tard sur un esprit éminent, qui a fréquenté les hauteurs, mais à qui manque le rayon qui perce les nuages : « C'est un homme à qui Dieu a dit : Tu ne te débrouilleras jamais. »

On parle sans cesse de Victor Cousin comme philo-

sophe ; il l'était, mais il était autre chose : littérateur, historien, et avec un talent au moins égal, et il
a forcé le public de se passionner pour ce qui le
passionnait lui-même. C'était une flamme errante
qui embrasait tout ce qu'elle touchait. D'abord il
s'éprend de Platon, dont il rend la grâce en artiste
qu'il est et en fait comme un des nôtres. En 1828, il
est occupé par la philosophie, qui le possédera qua-
torze ans ; en 1842, il entre dans le dix-septième
siècle, où l'attire ce qui l'attire invinciblement : la
grandeur, où il trouve à la fois tout ce qu'il y a de
plus brillant et de plus solide dans la nation française. Quel éclat il fait en restituant le texte des
Pensées ! Pascal l'introduit à Port-Royal ; il y admire
des courages pareils à celui de Jacqueline et il écrit
des pages où Royer-Collard reconnaissait deux cents
des plus belles pages de notre langue ; il passe à la
Fronde, à Condé, à Mme de Longueville, à Mme de Che-
vreuse, à Mme de Hautefort, des âmes non communes
égarées dans de médiocres desseins, mais qui ne
manquaient jamais de se retrouver. Il parlait des faits
et des personnages de ces temps avec une telle précision de détails, avec une telle ardeur, qu'il semblait qu'il les eût vus et qu'il racontât ses Mémoires.
Quoi qu'il fît, il s'y mettait tout entier, et, bon gré
mal gré, il fallait le suivre. Mais n'essayons pas
de donner une idée de cette inépuisable activité
que M. Mignet a retracée dans son bel et touchant
Eloge ; disons-le d'un seul mot : il a été un grand
excitateur.

Il manque à la société française. Il manque aussi à
ses amis. La génération qui ne l'a pas connu ne peut
pas se faire une idée de la séduction qu'il exerçait. Il

mettait en scène tout ce qu'il disait, par le pittoresque de l'expression, l'intonation, l'attitude, la physionomie, le geste, des yeux prodigieux qui vous transperçaient ; on était au spectacle, et ce spectacle était ce qu'on peut imaginer de plus curieux : on ne s'en lassait jamais. Et tout le temps on se demandait : Voyons jusqu'où va la vérité et où commence l'illusion ? Est-il dupe, ne l'est-il pas ? Car ces artistes, qui nous prennent si bien, se prennent eux-mêmes à leur art, et tout le temps aussi on admirait ce qu'il y avait de bon sens, de pénétration des hommes et des choses sous ces saillies d'un intarissable esprit. On s'éloignait quelquefois de lui, on lui revenait toujours :

Un je ne sais quel charme encor vers vous m'emporte.

Maintenant, on est triste quand on entre dans cette bibliothèque où on avait accoutumé de le voir ; on regarde ces beaux livres rangés et muets, on cherche en vain leur maitre, l'âme qui animait tout. Il y avait là un foyer de vie qui s'est éteint.

Depuis une dizaine d'années, il s'est déclaré un nouveau mouvement philosophique. Ce qui semble le caractériser est une recrudescence d'empirisme, sous l'impression du progrès des sciences physiques, et l'apparition d'un idéalisme assez rare dans notre pays.

Lors de l'Exposition universelle de 1867, le gouvernement demanda à plusieurs savans choisis parmi les plus compétens un rapport sur la science dont ils s'étaient particulièrement occupés ; M. Ravaisson se chargea du rapport sur la philosophie. C'est là qu'après un résumé historique des vicissitudes de la philosophie depuis une cinquante d'années, l'auteur a esquissé un système vers lequel il croit que tend l'esprit actuel.

Quiconque se propose de philosopher doit choisir entre deux méthodes : l'analyse et la synthèse, et se dire que, selon qu'il adopte l'une ou l'autre, il adopte par avance deux doctrines opposées. L'analyse, négligeant la forme des choses, en recherche les élémens : elle réduit les faits compliqués à des faits de plus en plus simples, jusqu'à ce qu'elle arrive à un fait unique, duquel tous les autres sont tirés, par la vertu des causes efficientes ; c'est le matérialisme. La synthèse, au contraire, attentive à la forme des choses, se préoccupe de rendre compte de leur complexité. En présence d'une machine, l'analyse la démonte en ses diverses pièces, qui se commandent les unes les autres, jusqu'au premier ressort, qui meut tout ; la synthèse considère l'ensemble de la machine, cherche l'idée qui l'a conçue, la fin pour laquelle elle a été faite et à l'égard de laquelle tout ce qui y est est moyen ; aux causes efficientes elle substitue les causes finales, à l'action brutale l'action intelligente de la finalité. Or le monde a un mouvement qui le fait monter de la matière inorganique à l'organisation et à la pensée. La pensée est attirée vers la perfection avec conscience de cet attrait. On affirme d'ordinaire qu'au-dessous de ce monde de la pensée il n'y a qu'aveuglement et fatalité ; M. Ravaisson ne semble pas le croire : « Dans la nature, dit-il, à laquelle nous appartenons par les élémens inférieurs de notre être, la volonté, éclairée seulement par une lueur de raison, est comme sous le charme puissant de cette forme particulière qui la lui représente, et à laquelle elle semble obéir d'une obéissance toute passive. Il n'en est pas moins vrai que, jusqu'en ces sombres régions de la vie corporelle, c'est une idée obscure de bien et de beauté qui explique dans leur première origine les mouvemens, qu'en définitive ce qu'on appelle la nécessité physique n'est, comme l'a dit Leibniz, qu'une nécessité morale qui n'exclut nullement, qui implique au contraire, sinon la liberté, du moins la spontanéité. Tout est réglé, constant, et pourtant radicalement volontaire. »

Le mouvement mécanique lui-même, qui paraît défier une explication de ce genre, n'y échappe pas, car il n'est pas uniquement un changement de place, il est une tendance, un effort ; M. Ravaisson écrit : « Ce phénomène, si simple cependant, se trouvera, si on le considère de près, renfermer encore lui-même ce qu'on voudrait qu'il servît à remplacer partout, la spontanéité... Pour comprendre les lois que suit dans son mouvement la matière la plus brute, force est encore de joindre à l'idée de cette matière celle de quelque chose qui, sous la dénomination vague de force ou de puissance par laquelle on la désigne d'ordinaire, n'en est pas moins un analogue et un dérivé de la volonté et de la pensée. »

Élevant de degré en degré ses conceptions, l'auteur voit dans le monde l'universelle harmonie et le principe universel dans l'amour : « Nous comprenons mieux, ce semble, que l'antiquité elle-même ce qu'elle voulait dire quand elle disait : « Eros fut le premier et est toujours le plus puissant des dieux. »

Nous demandons pardon de réduire à cette sèche analyse une doctrine d'une telle ampleur; à pro-

premen. parler, ce n'est plus de la simple philosophie, c'est une œuvre d'art qui n'exigeait pas moins
que le talent, la main hardie et souple de M. Ravaisson. Combien de fois il a dû souffrir quand il
a vu grossir quelque trait de l'ouvrage où il avait
mis une parfaite mesure ! Les disciples sont de
terribles gens. L'auteur du système avait dit que
le monde aspire au bien et que l'origine et la fin
de ce mouvement est l'amour ; il l'avait dit avec sa
discrétion et s'était arrêté là ; il n'avait pas demandé qu'on s'emparât de cette idée pour la pousser
à outrance et qu'on en fît des cantiques. Rien
n'est désagréable aux hommes d'esprit et de goût
comme ces intempérances dont ils sont respon-
sables malgré eux. Mais ce sont là les disciples :
ils exagèrent une vérité jusqu'à ce qu'ils en aient
fait une erreur, une qualité jusqu'à ce qu'ils en
aient fait un défaut. Voltaire plaignait Fontenelle,
dont la finesse avait été traduite ainsi en affectation :
« Fontenelle, patriarche respectable d'une secte ridicule. »

Quand on parle des influences qui ont agi sur la
philosophie actuelle, on ne peut oublier M. Lache-
lier : il a été onze ans maître de conférences à l'Ecole
Normale avec une grande autorité. Il paraît séparer
absolument la croyance et la science, et tirer de là la
liberté absolue de la science, qui peut s'exercer sans
danger. Sa méthode est l'idéalisme, c'est-à-dire la logique, mais un idéalisme critique qui examine la valeur des idées avec une telle rigueur qu'un certain
nombre des idées en apparence les plus solides se dé-
robent, et qu'il ne les ressaisit que par un coup d'autorité, en sorte que cette critique est une crise. Sa

philosophie a un caractère trop personnel pour qu'elle ait passé tout entière chez tous ses élèves ; du moins il n'y en a pas un seul qui n'ait été frappé par la sincérité absolue, la vigueur de la pensée, la puissance de discussion ; en histoire, par la connaissance précise et l'exacte interprétation des textes. Rien ne saurait égaler ce qu'il y a d'efficace et de salutaire dans un tel exercice de la pensée : quelle que soit cette philosophie, elle est bien une philosophie, et c'est l'essentiel.

M. Fouillée paraît vouloir établir une méthode nouvelle, un éclectisme corrigé. Au lieu de se borner à chercher ce qu'il peut y avoir de vrai dans chaque doctrine, comme le demande Leibniz, comme Victor Cousin, après réflexion, l'a demandé, au lieu d'opposer simplement des doctrines contraires, pour les compléter l'une par l'autre, il prend ces doctrines contraires, ne craint pas d'accuser, peut-être de grandir les oppositions ; puis, une fois ce travail fait, il en commence un autre : il rapproche les doctrines par des idées intermédiaires, jusqu'à ce qu'elles se rencontrent dans un moyen terme ; c'est ce qu'il appelle la méthode de conciliation. Elle a un inconvénient, c'est d'être d'une application difficile. Pour trouver ces idées intermédiaires, il serait nécessaire d'avoir les ressources merveilleuses, la fécondité, la subtilité d'esprit et le talent d'exposition de l'auteur ; aussi nous l'attendons à l'œuvre. Le premier essai qu'il en a fait ne nous rassure pas entièrement : la thèse sur *la Liberté et le déterminisme*, continuée dans le livre sur l'*Idée moderne du droit*, nous montre bien une tentative de conciliation entre le déterminisme et la liberté, de rapprochemens ingénieux ; mais la conclusion ne laisse pas d'inquiéter. L'auteur croit à la liberté, à la liberté future, quand elle sera affranchie des mobiles inférieurs de la nature humaine : la liberté n'est pas, elle sera. Il faut donc attendre pour pouvoir affirmer que l'homme est libre, et attendre probablement assez longtemps, car, si le progrès est manifeste dans la société, il l'est moins dans l'individu : chaque génération naît avec les mêmes passions éternelles, qui produisent à peu près les mêmes effets. L'auteur a fondé le droit sur cette conception ; ne lui semblera-t-il pas que le droit a besoin de fondations plus grossières et que la théorie qu'il en présente gênera peu les politiques qui ont envie du bien d'autrui ?

A l'exemple, souvent sous l'action de ces maîtres, des jeunes gens se sont mis avec ardeur à philosopher. Ce ne sont pas des noms encore ; ce seront des noms un jour. Resteront-ils ce qu'ils sont ? Je n'en sais rien ; mais certainement ils n'auront pas honte d'avoir été idéalistes. C'est, en définitive, la foi dans l'esprit qui s'impose aux choses et une noble doctrine.

On est heureux aussi du réveil de la métaphysique. Qu'on la définisse comme on voudra : ce qui est au delà de la réalité visible, la recherche de la nature intime, de la première origine, de la fin dernière des êtres, la spéculation sur les idées universelles de substance, de cause, d'infini, etc., la métaphysique est un haut emploi des facultés humaines : elle transporte l'esprit dans des régions où l'air est un peu rare mais pur, l'air des sommets, et où s'étendent les grandes vues. Ces abstractions ont leur charme sévère, auprès duquel les petites réalités pâlissent. Je me rappelle, dans une semaine sainte à Rome, à la cha-

pelle Sixtine, avoir entendu une musique bien nouvelle à mes oreilles : pas l'ombre d'une mélodie, rien
que de l'harmonie, chantée par des voix. D'abord on
était déconcerté, mal à l'aise, on cherchait un motif
auquel on pût se prendre, puis, après quelques
instans, on écoutait religieusement ces accords où
l'on ne saisissait plus que des nombres et des lois, et
on ne pouvait se rassasier de cet austère plaisir. La
métaphysique en a de pareils, et nous sommes
content de voir la jeune philosophie française y
prendre goût. On ne reste pas sur ces hauteurs, mais
il est bon d'y avoir passé.

Cela dit, me permettra-t-on de recommander à la
jeune école philosophique d'être, comme il le faut
toujours, sur ses gardes, et de surveiller avec soin la
méthode qu'elle emploie. L'idéalisme, tel qu'il se présente, est si puissant, qu'il a à se défier de sa force.
Oui certainement, comme il le dit, rien n'existe que
ce qui est intelligible ; oui, il y a une raison dans les
choses, comme il y en a une dans l'esprit, et c'est la
même : elle est le lien, l'ordre, l'unité ; seulement il
est très difficile de saisir cet ordre, quand on le
cherche dans le monde même, comme on voit que
font les sciences physiques ; combien donc il doit être
tentant de prendre par le plus court et de chercher en
soi un système d'idées auquel la réalité doit corres-
pondre.! Il faudrait alors s'attendre à des construc-
tions hardies, à des affirmations de principes et à des
déductions impérieuses. Ce serait le royaume de la
logique. Peut-être aussi le royaume des ombres.

Ainsi, on n'est pas tranquille quand on voit si faci-
lement résolue la redoutable question de la cause de
l'ordre qui est dans l'univers. Depuis que l'esprit

humain s'interroge là-dessus, la difficulté subsiste, et
elle a grandi à mesure que la raison est devenue plus
sévère. On n'en est plus à la conception enfantine de
Dieu façonnant la matière comme l'artiste façonne
une statue, car cette statue vit ; il faut donc qu'il
donne à la matière le mouvement et des lois. Or, si
la matière existe par elle-même, elle existe avec sa
nature que rien ne peut changer : si elle est immobile,
elle restera immobile ; si elle se meut, elle se meut à
sa manière. Veut-on qu'elle soit créée? Si elle est
créée de rien, qu'est-ce que cela? Le comprend-on?
Si elle est une émanation de Dieu, le comprend-on
davantage, et comment est-il possible que ce qui était
Dieu cesse de l'être, qu'il s'aliène ainsi lui-même et
que l'unité simple par excellence se divise? Et ce
n'est pas un mouvement quelconque, un ordre quelconque, qu'il s'agit d'expliquer. Ah! s'il n'y avait que
le cours et l'arrangement des astres, l'élévation des
montagnes et le creusement du lit des mers, on serait à l'aise; mais c'est l'ordre intelligent, dont le
corps humain est jusqu'ici le modèle achevé, c'est le
cœur, ce sont les poumons, c'est l'oreille, c'est l'œil,
les parties et le tout, une œuvre de génie. Où est le
génie? S'il n'est pas supérieur au monde, est-il dans
le monde, partout où il y a une harmonie des moyens
et de la fin? Est-ce chacune des parties qui conspire
à l'ensemble? Alors on demande si elle sait ou non
qu'elle conspire. Chose admirable! Les deux réponses
sont données avec une égale assurance. Les uns
adoptent la doctrine allemande sur « l'Inconscient, »
qui est vraiment très commode. Un ouvrage paraît-il
surpasser la plus haute raison, il suffit de déclarer
que l'ouvrier est inconscient : il n'est rien qu'un être

ne puisse faire quand il ne sait pas ce qu'il fait. Les
autres, au contraire, affirment bravement que tout
dans l'univers a conscience. On veut bien ne pas
donner la même conscience à tout : elle a ses degrés,
depuis la sensation la plus obtuse jusqu'à la claire
intelligence de l'homme ; mais enfin ce ne sont plus
des ouvriers aveugles qui fabriquent des ouvrages
intelligens, ce sont des ouvriers intelligens comme
leur ouvrage ; dans ces élévations philosophiques, on
oublie toujours de nous expliquer comment des atomes
peuvent faire le corps humain que l'homme ne serait
pas capable de faire, et pour parler vulgairement, de
nous déclarer si c'est la planche qui fait le navire.
Car enfin, c'est cela.

A l'autre extrémité de la philosophie actuelle est
l'empirisme. La doctrine n'est pas nouvelle ; mais elle
n'avait pas encore été présentée avec cette force,
parce que les sciences physiques n'avaient pas encore donné l'exemple qu'elles donnent aujourd'hui.
Comme elles s'attachent à l'étude des faits et s'in-
terdisent la recherche des causes, et qu'elles font,
grâce à cette sagesse, de merveilleux progrès, on n'a
eu qu'à transporter dans le monde des faits de conscience la règle qui s'appliquait si heureusement dans
le monde des faits matériels. C'est ce qu'on appelle le
positivisme, et qui a la bonne fortune d'être soutenu
par M. Littré. Au vrai, le positivisme n'est pas une
philosophie, c'est une abstinence, et il s'agit de savoir
si l'esprit humain y consent ; or, tel qu'il est, avec sa
curiosité infinie, il est peu probable qu'il se résigne à
ignorer et à ne plus chercher ; la nature, l'origine et
la fin des choses le tentent et le tenteront perpétuellement. Dire à la philosophie de renoncer à s'occuper

de cela, c'est lui dire de n'être plus la philosophie.

La philosophie anglaise contemporaine, fidèle à l'esprit de Bacon, qui le tenait de la race, n'est guère, avec ses remarquables qualités d'observation appliquée aux faits intérieurs, qu'un chapitre d'histoire naturelle ; elle est, pour le principal, la continuation poussée très-loin d'une étude sur l'association des idées ; il sera bon de transporter cette étude chez nous en l'insérant dans un cadre plus vaste. L'originalité qu'on pourra bien laisser à l'école est de prétendre qu'il n'y a rien au monde que des associations, et que notre *moi,* comme le reste, n'est qu'une association. M. Taine s'en est inspiré dans son livre *De l'intelligence,* où se trouvent à la fois des observations curieuses dont tout le monde fait son profit, et la conclusion étrange qui doit, ce semble, l'étonner un peu lui-même.

L'Allemagne n'aurait pas dû emprunter à l'Angleterre cette façon de philosopher, qui ne va pas à son génie. Aussi l'a-t-elle imitée peu heureusement. On essaie de faire du bruit autour d'une école de psychologie allemande, et elle est présentée au public par le directeur d'une *Revue* qui, malgré ses défauts, reste un centre d'étude et d'information. On nous fait part de la mort de la psychologie française, l'ancienne psychologie, la « vieille psychologie ; » on a mieux que cela. A l'observation intérieure, stérile, on substitue l'observation du corps humain, où l'on voit à nu les lois de ce monde de pensées, de sentimens, de volontés, qui s'agite en nous. C'est le triomphe de la physiologie. Je ne demande pas mieux ; pourtant ne va-t-on pas un peu loin quand on supprime d'un trait de plume un certain nombre d'hommes qui avaient une réputation :

les philosophes de tous les temps qui ont étudié l'esprit humain, les moralistes de tous les temps qui ont décrit le cœur humain, les poètes de tous les temps qui l'ont mis en scène ; à moins que Corneille, Racine, Molière ne soient des physiologistes sans le savoir. La jeune école n'a pas eu encore le loisir de faire beaucoup de découvertes ; mais quels débuts ! M. Horwicz nous raconte « l'équilibre des molécules ; » d'autres nous apprennent combien de temps une impression met à passer du corps à l'âme (vieux style), ou de la circonférence aux centres nerveux, pour devenir une sensation. Ils ne se contentent même pas d'approximations, qui seraient trop peu scientifiques ; ils appliquent les mathématiques à ces mesures. Quand le lecteur a devant les yeux une équation, le moyen de douter ! Ils disent ces choses sérieusement (j'entends qu'ils les disent sans rire), et on les reçoit comme ils les donnent. Hélas ! aujourd'hui, tout se dit et on ne rit plus.

Ni l'empirisme anglais ni l'empirisme allemand ne risquent de séduire la France : elle aime plus de grandeur ; il faut que, comme Lucrèce, on lui représente le système des choses, que, comme Lucrèce aussi, on soit animé de l'esprit de la science ; alors une doctrine ne s'appelle plus l'empirisme mais le naturalisme, et elle peut captiver les esprits, car il est certain que de nos jours la science tend à devenir une religion. Il convient donc de traiter le naturalisme avec respect. Il y a un siècle, la seule science digne du nom de science était l'astronomie, qui montrait déjà quelle simplification l'esprit met dans les phénomènes ; depuis, sont venues la physique et la chimie, qui ont fait paraître avec une force singulière l'économie de l'univers. La variété infinie est à la surface de ce monde, l'unité est au fond : les faits d'apparence diverse se réduisent en quelques lois, s'expliquent par quelques causes, et ces lois et ces causes, à leur tour, se réduisant progressivement, tendent à se confondre dans une loi et une cause unique. Ce spectacle devait frapper les esprits : après avoir appliqué la science au monde extérieur, il restait à l'appliquer au monde intérieur, et après l'avoir appliquée à chacun, à ramener les deux sciences à une seule, par un nouvel effort et une dernière simplification.

Un système si fortement établi a bien de l'attrait et donne à la raison une sorte de fierté et de joie. Mais que faire contre les faits ? Toutes les lois de la nature morte n'expliqueront pas la vie. Où paraît un germe, il y a, comme on le répète partout après Claude Bernard, une « idée directrice » qui règle l'évolution future. Les lois physiques et chimiques s'exercent encore là, mais en sous-ordre, et, à côté de l'ancienne mécanique, il en naît une, inconnue, où la réaction n'est plus proportionnelle à l'action, mais à l'irritabilité. Quelle que soit son origine, la vie, une fois née, va par elle-même : elle est un ordre nouveau, une création. De même, quand on arrive au monde animé. Ce qu'on appelle âme peut être un atome en qui la conscience a été excitée, la force, la monade de Leibniz ; peu importe l'étoffe dont elle est faite : ce qui est sûr, c'est que partout où elle est, il y a quelque chose d'immatériel, des sensations, des sentimens, dont l'idée n'a rien de commun avec des contacts, des impulsions, des rencontres et des chocs dans l'espace. Et quand on ar-

rive enfin à l'âme humaine, quel changement encore!
Ce sont ici de bien autres réactions. Trouvez donc un
choc, une irritabilité, pour expliquer le coup porté à
un homme qui, en lisant une ligne, en entendant
prononcer quelques mots, perd la raison ou tombe
foudroyé. Et puis, cette âme qui, si elle s'abandonne,
ne fait que refléter la succession des impressions du
corps, est capable de se ressaisir ; elle se dirige
par une idée, elle agit par un principe : elle tire
d'une définition la longue série des théorèmes et des
problèmes mathématiques, elle dispose le plan d'un
édifice, elle sculpte une statue, elle combine des
poèmes, des pièces de théâtre, elle suit de longues
entreprises, où elle s'absorbe dans une pensée unique,
elle travaille sur elle-même, pour faire d'elle ce qu'il
lui plaît : l'âme d'un scélérat ou d'un héros et d'un
saint. C'est le cas de répéter ce que nous disions de
la vie et avec une bien autre force : c'est ici un ordre
nouveau, une création.

Nous sommes ambitieux pour la science plus
qu'elle ne l'est souvent elle-même. Elle est contente
d'avoir trouvé une certaine unité ; nous voudrions
qu'elle cherchât une unité encore plus forte, la loi
qui expliquerait comment l'atome passe de l'existence
brute à la vie et à la pensée. Elle ne se plaît pas à
en parler, parce qu'elle se doute qu'on ne la connaî-
tra peut-être jamais, et elle se rejette sur ce qu'elle
connaît, mais qui ne peut satisfaire. Son procédé est
la simplification ; donc qu'elle simplifie, jusqu'à ce
qu'elle soit contrainte de s'arrêter ; mais l'objet auquel elle s'applique, elle n'en est pas maîtresse. La
science doit expliquer ce qui est, et, avant tout, voir
ce qui est, pour l'expliquer. Or, la nature n'est pas

une chose immobile, qui se répète toujours : elle est
vivante, elle invente, elle crée le monde de la vie,
supérieur à la matière inorganique, le monde de
l'âme, supérieur aux deux, et où elle prend conscience d'elle-même. Voilà ce qui est, et que la
science n'a pas le droit de changer. Si elle n'altérait
que l'idée de la vie, nous nous résignerions encore ;
par malheur, elle atteint l'homme, qui ne saurait
nous être indifférent. L'homme est dans la nature,
mais il y est l'homme, avec son caractère original et
indestructible d'indépendance ; or, l'âme se gouver-
nant par le devoir et la liberté est l'essence du spiritualisme, avec qui il est bon de vivre et de mourir.

Ne nous plaignons pas d'avoir à le défendre, et
contre une attaque de plus en plus forte. Dans la première moitié de ce siècle, peut-être avons-nous vécu
sur bien des conventions et des convenances ; depuis,
la critique a paru, qui, dans les livres, les revues, les
journaux, s'est donné toute liberté sur la littérature,
l'art, la politique, l'histoire, la religion, la philosophie ; il a fallu abandonner d'anciennes croyances ou
les appuyer sur de plus solides raisons. On peut vivre
longtemps sans dire de certaines choses ; quand elles
ont été dites, il n'est plus possible de revenir au point
où on était auparavant ; il n'est plus possible d'oublier que Sainte-Beuve a écrit sur toutes les choses
littéraires, que M. Renan a publié la *Vie de Jésus* et
que certaines questions ont été touchées par M. Ed-
mond Scherer. Je ne sais, de celui-ci, s'il y a jamais
eu un esprit plus jaloux de son indépendance. Elevé
dans la théologie, à laquelle il a échappé, n'en rete-
nant que le sérieux et la familiarité des hautes
questions ; livré dès lors au travail de la pensée sur

elle-même, dont personne n'est maître dès qu'il a commencé; d'une impitoyable clairvoyance; critique né, servi par une instruction des plus étendues et des plus précises, et un talent de style qui a fait de lui un de nos meilleurs écrivains; sévère aux hommes et aux choses; avec cela, laissant échapper des pages de tendresse et de poésie qui jettent de la grâce sur cette dure philosophie; il a résolu le problème de traverser notre société uniforme en étant lui-même, et de vivre dans notre monde complaisant en disant tout ce qu'il pense avec une autorité incontestée.

Par ce temps de critique, plus d'une croyance mal fondée périra; mais les croyances solides se fortifieront pour résister. C'est la vie en plein air.

Nous avons essayé de représenter dans ses lignes générales le mouvement philosophique très intense qui est né chez nous dans ces dernières années; il a produit déjà beaucoup d'œuvres remarquables, et puis il nous plaît parce qu'il est un mouvement. Maintenant qu'il est bien établi que la philosophie actuelle est émancipée de la philosophie précédente, sera-t-il permis de lui représenter ce que, dans son intérêt même, il y aurait à conserver de cette philosophie? Nous nous bornerons à ce qui paraît le strict nécessaire.

Voici une première observation. On professe volontiers aujourd'hui que la spéculation n'a rien à voir avec la pratique et peut, en conséquence, se donner pleine liberté. Il faut avouer qu'on a souvent voulu les lier trop étroitement et qu'il y a à cela un grand danger, que l'on coupe ainsi les ailes à la pensée; il ne manque pas de gens qui poussent loin la sollicitude pour l'ordre privé et public, et qui estiment assez la philosophie et la religion pour les charger de faire la police des rues et de veiller à la tranquillité de leurs repas et de leur sommeil; mais enfin, il est impossible de croire qu'il y ait une vérité pour la spéculation, une vérité pour la pratique, que l'homme soit divisé ainsi en compartimens étanches et que la morale reste pour moi la même, soit que j'admette ou non que j'existe, soit que j'admette que je suis libre ou non. Les exemples particuliers des philosophes qui pensent mal et vivent bien ne prouvent pas plus que les exemples de ceux qui pensent bien et vivent mal; ils ne prouvent rien que l'inconséquence humaine, qui n'a pas besoin d'être prouvée. Au fond, quand on proclame cette séparation entre la spéculation et la pratique, c'est qu'on désire délivrer le raisonnement d'un contrôle qui le gêne et s'affranchir absolument. Mais le contrôle est bon pour tout le monde, et plus la pensée prend d'espace, plus il importe qu'elle ait un moyen de connaître si elle ne s'est pas égarée. La morale sert à cela. Victor Cousin le croyait fermement, et nous sommes convaincu qu'il n'avait pas tort de le croire.

Il donnait aussi à la raison un surveillant, peut-être incommode, mais utile : le bon sens. Nous sommes tout prêt à confesser qu'il en exagère la fonction et lui fait surveiller la raison de trop près, pourvu qu'en retour on nous accorde qu'en dépit de tous les raisonnemens il y a des évidences indéniables ; nous ne demandons rien de plus. En définitive, le bon sens est le maître de la philosophie, et c'est lui qui juge et détruit les systèmes qui ne l'ont pas reconnu.

La première évidence, le premier principe de la

philosophie était pour Victor Cousin la célèbre proposition de Descartes : « Je pense, donc je suis, » l'affirmation que, dans le fait de conscience, je saisis ma pensée et me saisis moi-même. Aujourd'hui on divise volontiers ces deux vérités indivisibles et on en sacrifie une. Le moi n'est pas en faveur. Ainsi va l'histoire de la philosophie : c'est tantôt le moi, c'est tantôt le monde extérieur qui est en péril. Dans l'école de Descartes, c'est le monde extérieur. Descartes, qui professait qu'il ne faut croire qu'à l'évidence, a eu le tort de n'en reconnaître qu'une, celle de l'être pensant, d'en ajourner une autre, celle des corps, et de ne vouloir l'admettre que sur démonstration, s'appuyant sur l'existence de Dieu et sur sa véracité, qui n'a pu nous tromper en nous portant à croire qu'ils existent. La démonstration ayant paru fausse ou douteuse, et l'évidence étant perdue, l'existence des corps est allée s'effaçant. Depuis Kant, c'est l'existence du moi qui est compromise. Kant n'accorde l'évidence qu'aux phénomènes ; dans la proposition de Descartes il ne regarde comme certaine que la pensée ; la réalité du sujet pensant a besoin pour lui d'être démontrée, et on connaît le détour de cette démonstration : c'est parce qu'il y a un devoir qu'il faut qu'il y ait un être à qui il s'impose. Les philosophes suivans ont contesté la démonstration et n'ont retenu que la nécessité de démontrer ; ils se sont donc considérés comme libres à l'égard de cette notion ; de là cette conception singulière d'un *moi* absolu, qui n'est pas moi, et qui, en se développant, le deviendra. La philosophie française actuelle se souvient beaucoup plus de Kant que de Descartes ; elle aussi *trop* souvent ne reconnaît d'évidens que les phénomènes ;

à partir de là on se divise : l'un déclare simplement qu'il n'existe pas, l'autre cherche par toutes sortes de raisonnemens judicieux à se prouver qu'il existe. Un personnage d'Hoffmann avait perdu son reflet ; eux, ils ont perdu leur être et ne laissent pas d'en être inquiets et donnent le spectacle de gens raisonnables et raisonnans qui courent après eux-mêmes, sans avoir grande chance de s'attraper. C'est le jeu des enfans qui cachent un objet pour le chercher après, et mieux que cela, car dans les jeux d'enfans ce n'est pas le même qui cache et qui cherche.

La philosophie est punie pour avoir méconnu la vérité la plus élémentaire, celle que Descartes avait si fermement établie. Oui, s'il est vrai que je pense, il est aussi vrai que je suis ; je ne connais pas une pensée en général, je connais la mienne. Vous parlez de pensée, de sentiment, de volonté en l'air ; on vous répond : La pensée de qui ? le sentiment de qui ? la volonté de qui ? Une pensée, un sentiment, une volonté sont des abstractions, et quand vous les appelez des phénomènes, c'est une abstraction encore plus forte : dès qu'on abandonne la réalité vivante, concrète, à laquelle Descartes s'attache, le reste n'est qu'artifice, logique, pure grammaire. Concluons nettement. Kant, après avoir égaré la philosophie allemande, a égaré la philosophie française ; celle-ci fera bien d'en revenir au point de départ de Descartes, à sa proposition fondamentale, et d'user sur des problèmes réels la force qu'elle use sur des problèmes imaginaires.

Enfin, nous voudrions que la philosophie actuelle, sans renoncer à la profondeur, revînt à la clarté, qui est un si précieux caractère de la précédente philosophie. Pour ne pas parler de ses qualités de style personnelles, Victor Cousin a écrit dans la langue la plus pure, avec une parfaite clarté ; Jouffroy faisait ainsi ; on a toujours fait ainsi en France. Cette tradition, pour le moment, paraît assez compromise. Je demande à un des esprits les plus distingués que la philosophie ait eus depuis bien du temps la permission de lui représenter qu'il lui revient ici une part de responsabilité. M. Ravaisson, de bonne heure nourri d'Aristote et doué d'une pensée assez forte pour pénétrer la concision de ce grand génie, a été tenté d'imiter cette concision et a écrit une thèse de doctorat, *De l'Habitude*, à la manière du maître. Cette thèse, portée à la Sorbonne, en 1838, troubla beaucoup les juges, et je me rappelle encore le profond étonnement de Jouffroy et la vivacité avec laquelle il protesta contre cette nouveauté. Mais la thèse était remarquable, remarquablement soutenue ; M. Ravaisson fut reçu docteur, son écrit provoqua la curiosité au dehors, et plusieurs voulurent avoir la clef de cette langue, plusieurs essayèrent, à leur tour, de s'en servir. L'*Essai sur la Métaphysique d'Aristote*, qui donna une si haute et si juste idée de l'auteur, vint, quelques années après, non plus cette fois comme une gageure, mais comme l'ouvrage d'un homme sûr de lui-même, qui parle avec une égale facilité la langue commune de la philosophie ou la langue spéciale d'Aristote, et qui les mêle et les fond avec un talent supérieur. Cependant, on traduisait Aristote, on le commentait, on se familiarisait avec sa langue, et elle passait de plus en plus dans l'usage de l'école ; il fut ainsi établi qu'il pouvait y avoir une philosophie digne de ce nom qui n'était pas accessible au public simplement intelligent. En même temps qu'Aristote, Kant entrait chez nous. On s'en était tenu à ce qu'avait dit Mme de Staël dans son livre *De l'Allemagne*, et à ce qu'avait dit Victor Cousin sur la « sublime inconséquence » du philosophe qui, après avoir douté du moi, du monde, de Dieu, du libre arbitre, rétablit ces vérités par la vertu de la morale ; mais cette idée générale du système ne suffisait plus, on voulut, sur l'invitation de Victor Cousin lui-même, connaître tous les détails, on traduisit, on expliqua. Le monde loua le courage de ceux qui firent cette entreprise, mais il ne les suivit pas, et la philosophie devint de plus en plus une science interdite au public. Elle en est là, et c'est de là que nous voudrions la rappeler, pour la remettre dans la grande circulation. Il y a une obscurité qui résulte de la composition qui met les idées hors de leur place ou dans un ordre trop compliqué, et d'une langue défectueuse qui se sert mal des termes. Il y a une autre obscurité produite par l'emploi des formules, qui arrêtent le lecteur à chaque ligne, à chaque mot, pour pénétrer ce qu'elles renferment et les traduire en langage courant, comme une algèbre où il faudrait se rendre perpétuellement compte de ce qu'il y a sous les signes ; cette obscurité, fâcheuse pour le lecteur, est quelquefois celle des maîtres dont la pensée pressée est trop pleine pour entrer aisément dans les esprits. Il y a, enfin, une obscurité qui vient de ce que ces formules sont vides et qu'on sent qu'on ne tient rien, car il ne peut y avoir de clarté que lorsque l'esprit est pleinement satisfait. Je crains de ne rencontrer que trop souvent aujourd'hui cette obscurité-là. On aime les formules, qui sont comme des talismans qui

ouvrent toutes les portes et font tomber tous les murs,
et ces talismans sont d'autant plus puissans qu'ils
sont en langues étrangères ou inconnues ; on se ré-
jouit d'étaler ces prestiges devant des spectateurs
éblouis ; c'est un secret qui s'apprend et dispense du
labeur vulgaire où se consument les intelligences
bourgeoises. J'ai vu des esprits distingués se passionner à cet exercice des formules. Ils ne se jouaient
pas de la philosophie ; non, certes : ils se le seraient
reproché ; mais, s'il est permis de parler ainsi, ils
jouaient de la philosophie. Il faut espérer qu'ils en
reviendront ; pourtant, on ne renonce pas volontiers
à un instrument dont on connaît les effets, et on tient
à l'art où on excelle.

En parcourant les écrits philosophiques qui ont
paru depuis un certain nombre d'années, on peut se
donner le plaisir de contempler toutes les variétés
d'obscurités. Il s'est produit ce qu'on n'avait pas encore vu en France : la prétention de diviser les
hommes en profanes et en initiés, qui seuls célèbrent
les Mystères ; et les initiés eux-mêmes vont rétrécis-
sant leur nombre de plus en plus. La clarté, l'agré-
ment, par lesquels on touche aux profanes, sont un
mauvais signe : se comprendre et être compris est de
la littérature. Cicéron parlait d'eux quand il disait :
« Ils lisent leurs livres avec leurs amis, et personne
» n'y entend rien, excepté ceux qui veulent qu'on
» leur accorde la même liberté d'écrire. »

Malgré tout, je suis humblement pour la simple et
bonne et ancienne clarté. Elle n'est pas seulement un
devoir envers les autres et comme la probité du philosophe, elle est aussi un devoir envers soi-même et
le signe de la vérité. Quand on voyage, on aperçoit

de loin un objet indistinct : à mesure qu'on avance, les formes se dessinent ; enfin, à un moment on se dit : Je dois approcher, car je vois clair.

Nous espérons que la philosophie actuelle accueillera ces modestes réclamations. Il ne s'agit pas, comme on le voit, de la ramener sous le joug d'un éclectisme tyrannique, mais simplement de reprendre quelques-unes des meilleures traditions de l'esprit français.

(11-12 novembre 1879.)

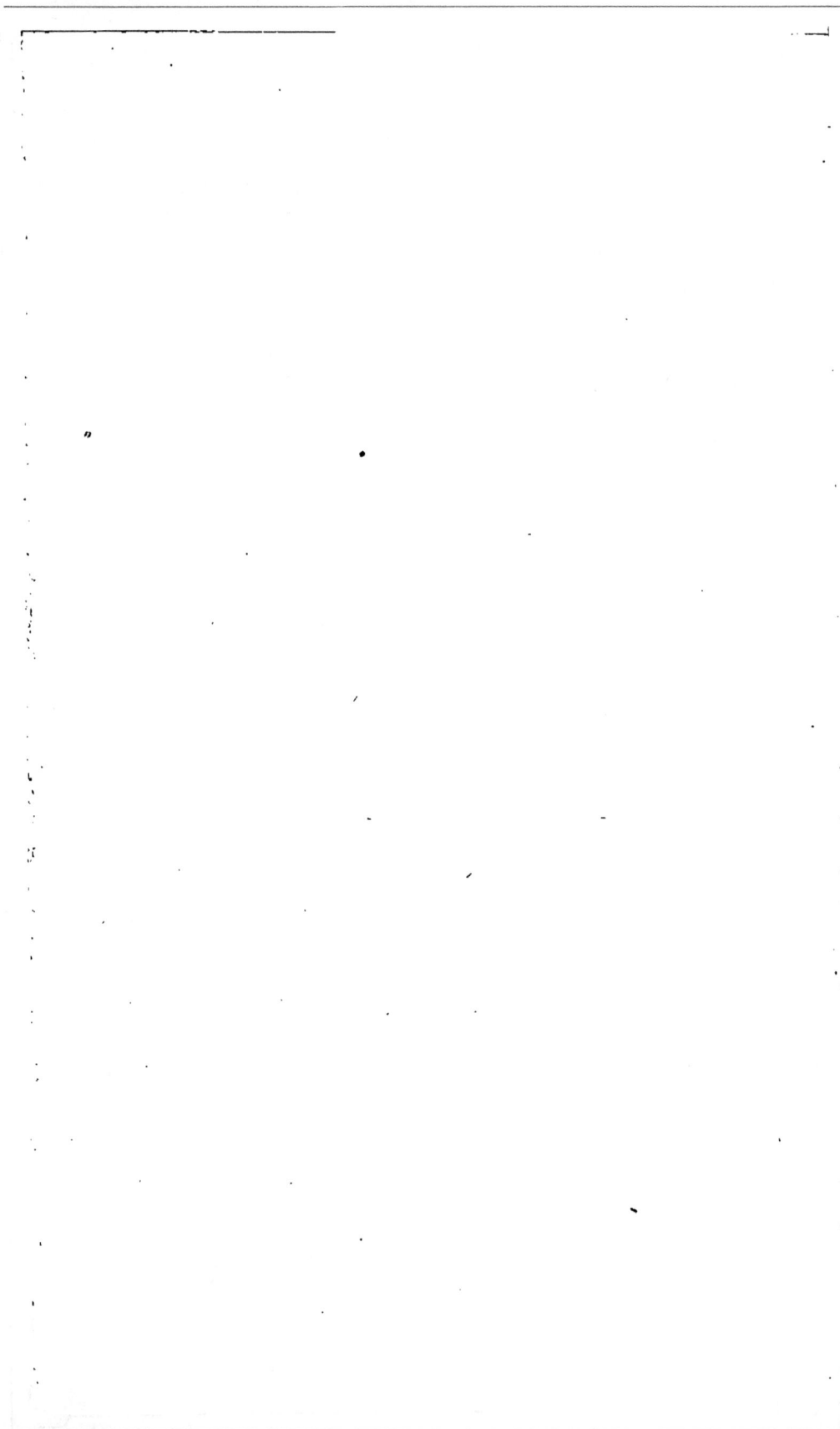

Il y a quelques mois, mon ami M. du Mesnil, aujourd'hui Conseiller d'État, alors Directeur de l'enseignement supérieur, eut trois jours de congé ; il les employa naturellement à se tourmenter pour le bien public, et naturellement aussi il m'écrivit ce qui le tourmentait. Il ne s'agissait pas cette fois de facultés et de laboratoires, mais des enfants des écoles primaires, d'un nouvel enseignement moral à leur donner, de prendre autour d'eux les idées les plus solides, les institutions les plus nécessaires : probité, honneur, patrie, État, gouvernement, élections, impôt, justice, conscription, etc., sans oublier les bornes qu'ils voient se dresser au bout des champs ; de leur expliquer le monde où ils vivront un jour, qu'ils gouverneront un jour, par ces temps de suffrage universel, et qui ira bien ou mal, selon qu'ils en auront une idée plus ou moins juste, et qu'ils le traiteront en ami ou en ennemi. Mon Directeur aurait voulu qu'on se mît immédiatement à l'œuvre et que les hommes qui savent écrire se missent à écrire pour ce nouveau public, se fissent les précepteurs de ceux qui seront leurs maîtres : « Le devoir prend une autre figure, quand tout le monde a ses droits. » Je lui représentai combien cette tâche était malaisée, combien il est difficile de parler aux simples, qu'il faut se faire simple comme eux, se transformer, ne jamais présenter une idée au-dessus de celles qu'ils ont, ne jamais prononcer un mot qui n'est pas de leur langue et découvrir les sentiers par où l'on chemine dans ces âmes naïves ; mais je tenais à lui montrer mon amitié et je lui envoyai les quelques pages qui suivent, sur un des sujets qu'il avait à cœur. Je tâchai de me rendre compte de ce qu'il y avait dans le mot de patrie, et qui serait le plus saisissable pour ces tout jeunes lecteurs ; dans ma pensée, ce devait être la préface d'un certain nombre de récits qui illustreraient, pour ainsi dire, ce qu'il y aurait de trop abstrait dans ce que j'aurais dit, et je priai un des plus savants maîtres de conférences de l'École normale, M. Lavisse, de me fournir ces récits. En historien, il y vit tout de suite l'occasion de suivre la formation du sentiment de la patrie dans les derniers siècles, en France, depuis la guerre de Cent-Ans ; les exemples lui vinrent frappants, et, si le public souriait à l'entreprise, on présenterait d'ici à quelque temps un tout petit livre qui serait peut-être utile et encouragerait des hommes de bonne volonté. Le *Livre du petit citoyen*, de M. Jules Simon, inspiré par la même pensée, dirait ce qu'il y a à dire sur l'ensemble des notions essentielles à éclaircir, et chacune d'elles pourrait être traitée à part, chacun choisissant sa forme en liberté. Espérons, car l'entreprise est généreuse et cette nation a le génie du bien.

VII

PATRIE

~~~~~~~~~~

C'était le dimanche. Ce jour-là, le grand-père mettait tout en ordre dans sa chambre. En rangeant son armoire, il ouvrit une petite boîte et regarda quelque temps avec plaisir ce qui était dedans. Jean ne lui laissa pas le temps de la refermer.

JEAN. — Grand-père, montre-moi ta belle croix.

LE GRAND-PÈRE. — Tiens, petit.

JEAN. — Grand-père, il y a dessus : *Honneur et Patrie;* qu'est-ce que ça veut dire?

LE GRAND-PÈRE. — Lequel des deux veux-tu que je te dise d'abord?

JEAN. — Eh! bien, *Patrie.*

LE GRAND-PÈRE. — Mais toi, auparavant, dis-moi qui t'a fait cette jolie égratignure à la figure.

JEAN (souriant). — Grand-père, c'est le chat.

LE GRAND-PÈRE. — Oh! un chat à deux pattes. Voyons, confesse-toi.

JEAN. — C'est que je me suis battu avec Bernier.

LE GRAND-PÈRE. — Et pourquoi ça ? Il t'avait donc pris des billes.

JEAN. — Non ; mais il m'avait dit du mal de papa. Je l'ai jeté par terre et il a avoué qu'il avait menti.

LE GRAND-PÈRE. — Tu es un brave garçon ; est-ce qu'il n'y a que ton papa que tu défends ainsi ?

JEAN. — Non ; maman aussi, grand'mère et toi, et mon grand frère Louis.

LE GRAND-PÈRE. — Tu nous aimes donc bien ?

JEAN. — Eh oui, puisque vous êtes mes parents.

LE GRAND-PÈRE. — Alors tu as été content quand j'ai été nommé maire.

JEAN. — Oui, et j'étais très-fier. Ce jour-là, j'ai mieux appris mes leçons et mieux fait mes devoirs.

LE GRAND-PÈRE. — Tu as cru que, toi aussi, tu étais nommé maire.

JEAN. — Un peu.

LE GRAND-PÈRE. — Et quand Louis a été nommé sergent ?

JEAN. — J'avais envie de mettre des galons.

LE GRAND-PÈRE. — Ainsi te voilà déjà maire et sergent ; tu fais bien ton chemin ; tu iras loin. Tu n'es pas toujours si content : je t'ai vu bien triste quand ta maman a été malade.

JEAN. — Ah! elle souffrait et j'ai cru tout de suite qu'elle allait mourir, comme notre voisine, et que nous resterions tout seuls.

LE GRAND-PÈRE. — Tu es un bon fils, tu es un bon frère aussi. Je t'ai vu, au lieu de t'amuser avec tes camarades, promener ta petite sœur et jouer avec elle. Nous ferons quelque chose de bon de toi. Mais il me semble que, si tu nous aimes, tu aimes aussi beaucoup le cerisier, au temps des cerises.

JEAN. — Ah! le cerisier est à nous, et quand je suis monté dedans, je suis chez moi.

LE GRAND-PÈRE. — Je vois que tu es plus content de vivre avec nous dans notre maison que dans la maison des voisins avec les voisins, et que tu ne te trouves tout à fait bien qu'avec nous.

JEAN. — Certainement.

LE GRAND-PÈRE. — Eh bien, mon enfant, quand on vit ensemble, quand on s'aime les uns les autres, quand chacun aime les autres plus que soi, quand il est heureux de ce qu'il leur arrive de bien, malheureux de ce qu'il leur arrive de mal, quand il est prêt à les soigner s'ils ont besoin de lui, à les défendre si on les attaque, quand il aime mieux souffrir que de les voir souffrir et qu'on n'est tous ensemble qu'un seul cœur, cela, c'est la famille.

JEAN. — Oui, grand-père; mais tu ne m'as pas encore dit ce que c'est que la patrie.

LE GRAND-PÈRE. — Patience, petit; tu es bien pressé; lisons, pour nous reposer, la lettre de ton frère :

« Cher grand-père,

» Je regrette toujours beaucoup la famille; il faut
» pourtant que je te dise que j'en ai retrouvé une ici.
» Mes camarades et moi sommes au mieux ensemble;
» Jean sera jaloux, mais j'ai une quantité de frères.
» Le colonel est un vrai père pour nous, tant il a
» soin de nous. Ce qui manque ici, c'est la mère et la
» grand'mère; si elles y étaient, le lit serait mieux
» fait, la cuisine de tous les jours y gagnerait et il
» y aurait une galette le dimanche On n'a pas eu

» encore l'idée de nous en offrir. Malgré tout, nous
» sommes contents, puisque nous servons le pays.
» Nous venons d'avoir une aventure. L'ennemi noùs
» a surpris et il y a eu un moment où il était le plus
» fort; mais nous étions furieux et nous l'avons
» reconduit plus vite qu'il n'aurait voulu. Vive la
» France ! »

Jean. — Vive la France!

Le grand-père. — Ma foi! J'avais toujours envie
de crier comme ça quand j'ai été à l'Exposition
universelle. J'étais fier de voir l'exposition de notre
pays; je me disais : il y en a chez nous qui ont de
belles inventions que tout le monde n'a pas, et nos
ouvriers sont de fameux ouvriers. Je trouvais aussi
de bien belles choses dans l'exposition des autres
pays, mais je ne les voyais pas avec le même plaisir :
j'en étais jaloux et j'aurais voulu les apporter dans
la nôtre. Malgré tout, j'étais glorieux en pensant
que tous les peuples s'étaient donné rendez-vous
à Paris et que c'était nous qui avions bâti ces palais
et planté ces jardins pour les recevoir, et que nous
faisions bonne figure. Qui aurait dit qu'on était dans
ce Paris qui était en ruines il n'y a pas plus de sept
ans, et que c'était ce même peuple qui avait perdu
alors tant de son argent et tant de ses enfans, qui
avait si bien travaillé et étalait tant de merveilles. A
tout moment, si je ne m'étais pas retenu, pour ne pas
être ridicule, j'aurais crié : Vive la France! Et songe
que tous les Français qui étaient là étaient comme
moi. Tu le vois, il y a une famille plus nombreuse
que la nôtre, qui se compose de sept personnes,
une famille comme la nôtre pourtant, où on se

connaît, où on s'aime, où l'on est joyeux quand on est vainqueur, où l'on pleure quand on est vaincu, où l'on est fier quand quelqu'un a fait quelque chose de bien, où l'on est honteux quand il a fait quelque chose de mal ; cette famille habite un pays qui s'étend depuis la mer jusqu'à telle montagne et à tel fleuve ; si la moindre partie est blessée, tout souffre, comme toi, quand tu te piques ou que tu te coupes au bout du doigt ; c'est partout un seul corps, une seule âme, et le pays a beau être très grand, couvrir des milliers de lieues, si l'ennemi en enlève un morceau, on y étouffe. Cela, mon cher Jean, c'est la grande famille, c'est la patrie. On l'a mise sur ma poitrine, parce qu'elle était dans mon cœur quand je me suis battu pour elle. Toi aussi, mon enfant, peut-être un jour tu auras à te battre pour elle ; mais si elle ne te le demande pas, tu auras toujours à travailler pour elle, à faire de toi un bon ouvrier, un bon citoyen, un Français qui fasse honneur à la France.

JEAN. — Oui, grand-père.

LE GRAND-PÈRE. — Tu es si raisonnable aujourd'hui, que j'ai envie de causer encore un moment avec toi. T'es-tu dit, un beau matin : je suis si intelligent et j'ai tant appris que je n'ai plus rien à apprendre ; il est impossible qu'on lise mieux, qu'on écrive mieux, qu'on sache mieux l'orthographe, que l'on calcule mieux que moi ; je ne veux plus rien faire ?

JEAN. — Oh non !

LE GRAND-PÈRE. — Tu aurais été un sot.

JEAN. — Je crois bien : il y a des camarades plus forts que moi, et puis il y a la classe supé-

7

rieure, et puis il y a le maître, qui en sait encore plus.

LE GRAND-PÈRE. — Et de semaine en semaine tu dégringolerais et tu arriverais à être le dernier de ta classe. Vois-tu, il y a des sots partout. Ils se croient supérieurs en tout à tous les autres peuples, et qu'ils n'ont plus qu'à s'admirer et à se faire admirer. Pendant qu'ils font la roue, les autres peuples travaillent et, un beau jour, c'est leur tour d'être les premiers. Quand on aime bien son pays, il ne suffit donc pas de chanter du matin au soir qu'il est le premier de tous ; il faut sans cesse travailler pour qu'il mérite de l'être.

Tiens, je finis, car j'aperçois un de tes amis qui vient te chercher ; mais, dis-moi encore. Quand tu te bats avec un camarade et que tu es le plus fort, que tu l'as jeté par terre, est-ce que tu t'acharnes après lui ?

JEAN. — Non, grand-père ; personne ne fait cela.

LE GRAND-PÈRE. — Et s'il a du mal ?

JEAN. — On en est bien fâché ; on lui dit que ça ne sera rien et on tâche de le remettre.

LE GRAND-PÈRE. — Sais-tu que tout le monde ne fait pas comme vous autres. Il y a des sauvages qui, lorsqu'ils ont abattu un ennemi, le tuent ; plusieurs même le mangent.

JEAN. — Mais aussi ce sont des sauvages.

LE GRAND-PÈRE. — Ils le traitent comme on traite un loup ; ils croient qu'ils en ont le droit ; le crois-tu ?

JEAN. — A la bonne heure, si c'était un loup ; mais ce n'est pas un loup, c'est un homme.

LE GRAND-PÈRE. — Et celui qui fait cela n'est pas

un homme, c'est un loup. Tu seras un jour sol-
dat, comme ton frère Louis. S'il t'arrive de te
battre, tu te battras en conscience, parce que c'est
ton devoir; mais une fois le combat fini, si ton ennemi est blessé, ne vois plus en lui qu'un frère
malheureux. Vous n'avez pas la même patrie,
mais vous en avez chacun une, et il a fait son devoir envers la sienne, comme toi envers la tienne;
vous ne parlez pas la même langue, mais il a des
sentiments pareils aux tiens : il a un pays comme
toi, une famille comme toi, et il les regrette.
Aie pitié de lui, soigne-le, console-le. Tu mériteras
peut-être que, si toi aussi tu tombes un jour blessé,
il vienne un ennemi qui te soigne et te console.
Cela, Jean, c'est l'humanité. J'ai été si content de
toi que je veux te raconter une histoire. C'est une
histoire de M. Tourgueneff, un écrivain russe qui
en invente de bien jolies ; mais celle-ci est tout à
fait vraie. Il y a un peu plus de vingt ans de cela,
nous avons eu une querelle avec les Russes et nous
sommes allés chez eux en Crimée. Il y avait eu un
combat ; le soir, des blessés se trouvèrent étendus
côte à côte sur le champ de bataille, on n'eut pas le
temps de les relever. L'un était un Français, l'autre
était un Russe; ils souffraient cruellement ; ils essayèrent de se parler et, s'ils ne se comprirent pas
beaucoup, ils se témoignèrent du moins de l'amitié,
qui adoucit leurs maux. La nuit vint ; un des deux
s'endormit. Le matin, quand il s'éveilla tout à fait,
il vit sur lui un manteau qu'il ne connaissait pas ;
il chercha son voisin ; celui-ci était mort et, au moment de mourir, avait ôté son manteau et l'avait
étendu sur son compagnon de misère. Sais-tu quel

est celui qui a fait cela? Je le vois dans tes yeux, tu as envie que ce soit le Français.

JEAN. — Oui, grand-père.

LE GRAND-PÈRE. — Eh bien! sois content : c'était le Français.

Va jouer, mon enfant.

FIN.

TABLE DES MATIÈRES

VERSAILLES, IMPRIMERIE CERF ET FILS, RUE DUPLESSIS, 59.

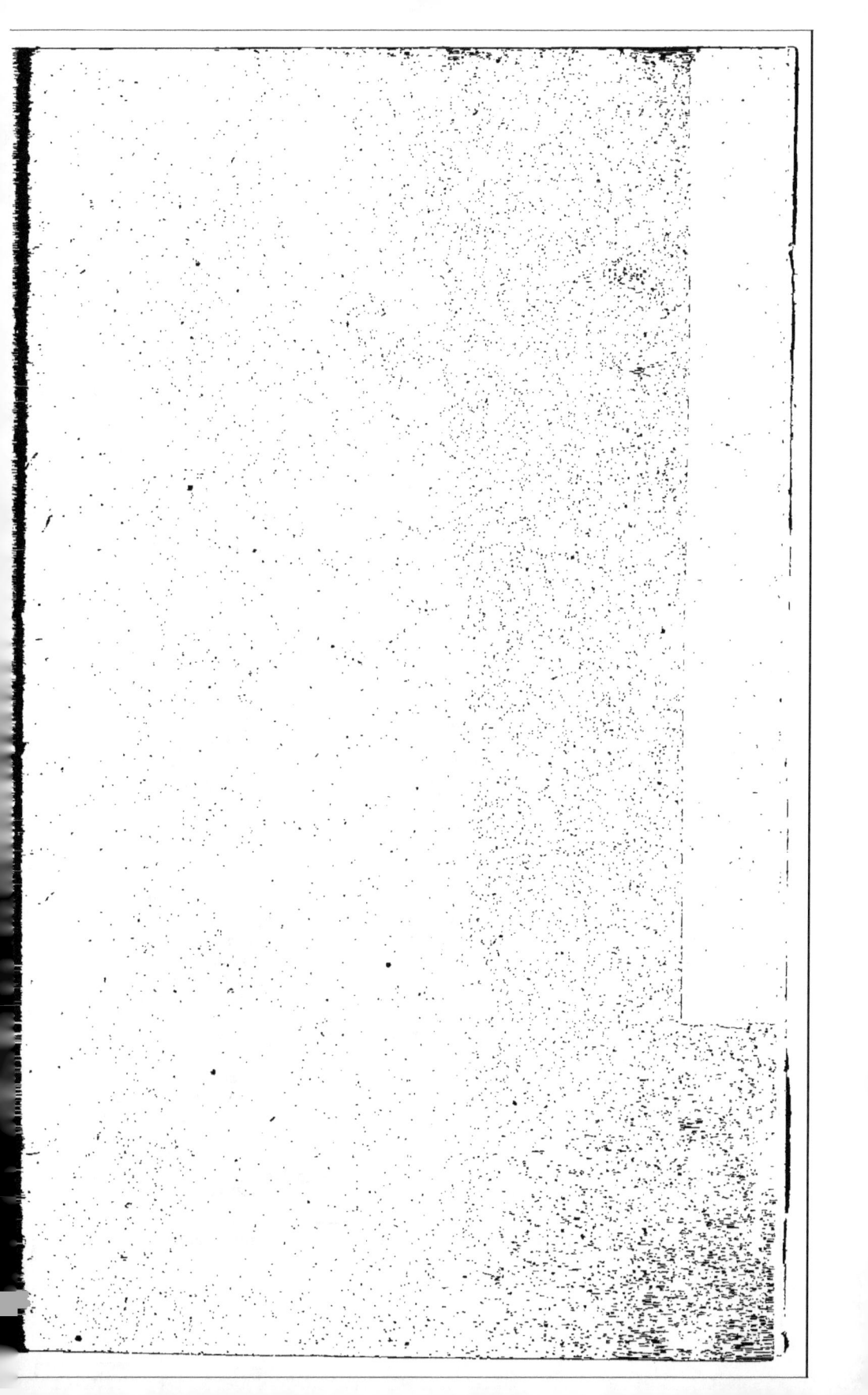

Librairie HACHETTE et Cie, boulev. Saint-Germain, 79, à Paris.

EXTRAIT

DE LA

BIBLIOTHÈQUE VARIÉE, FORMAT IN-18 JÉSUS, A 3 FR. 50 LE VOLUME

Albert (Paul), professeur au Collège de France : *La poésie.* 1 vol.
—— *La prose.* 1 vol.
—— *La littérature française, des origines à la fin du* XVIe *siècle.* 1 vol.
—— *La littérature française au* XVIIe *siècle.* 1 vol.
—— *La littérature française au* XVIIIe *siècle.* 1 vol.
—— *Variétés morales et littéraires.* 1 v.
Baudrillart, de l'Institut : *Économie politique populaire.* 1 vol.
Bersot, de l'Institut : *Mesmer, le magnétisme animal et les esprits.* 1 v.
—— *Études et discours.* 1 vol.
Boissier, de l'Académie française : *Cicéron et ses amis.* 1 vol.
—— *La religion romaine d'Auguste aux Antonins.* 2 vol.
Bouillier, de l'Institut ; *Du plaisir et de la douleur.* 1 vol.
—— *L'Institut et les Académies de province.* 1 vol.
Bréal (Michel), de l'Institut : *Quelques mots sur l'instruction publique en France.* 1 vol.
Caro, de l'Académie française : *Études morales sur le temps présent.* 1 vol.
—— *Nouvelles études morales.* 1 vol.
—— *L'idée de Dieu et ses nouveaux critiques.* 1 vol.
—— *Le matérialisme et la science.* 1 v.
—— *Le pessimisme au* XIXe *siècle.* 1 vol.
—— *Les jours d'épreuve.* 1 vol.
Deschanel: *Études sur Aristophane.*
Duruy (Victor), de l'Institut : *Introduction générale à l'histoire de France.*
Fustel de Coulanges, de l'Institut : *La cité antique.* 1 vol.
Hauréau, de l'Institut : *Bernard Délicieux et l'inquisition albigeoise* (1300-1320). 1 vol.
Girard (J.), de l'Institut : *Études sur l'éloquence attique.* 1 vol.
Gréard, de l'Institut : *De la morale de Plutarque.* 1 vol.

Lenient : *La satire en France au moyen-âge.* 1 vol.
—— *La satire en France, ou la littérature militante au* XVIe *siècle.* 2 vol.
Martha, de l'Institut : *Les moralistes sous l'empire romain.* 1 vol.
—— *Le poème de Lucrèce.* 1 vol.
Patin: *Études sur les tragiques grecs.* 4 vol.
—— *Études sur la poésie latine.* 2 vol.
—— *Discours et mélanges littéraires.* 1 vol.
Simon (Jules), de l'Académie française : *La liberté politique.* 1 vol.
—— *La liberté civile.* 1 vol.
—— *La liberté de conscience.* 1 vol.
—— *La religion naturelle.* 1 vol.
—— *Le devoir.* 1 vol.
—— *L'ouvrière.* 1 vol.
—— *L'école.* 1 vol.
—— *La réforme de l'enseignement secondaire.* 1 vol.
Taine, de l'Académie française : *Essai sur Tite-Live.* 1 vol.
—— *Essais de critique et d'histoire.* 1 vol.
—— *Nouveaux essais de critique et d'histoire.* 1 vol.
—— *Histoire de la littérature anglaise.* 5 vol.
—— *De l'intelligence.* 2 vol.
—— *La Fontaine et ses fables.* 1 vol.
—— *Les philosophes classiques du* XIXe *siècle en France.* 1 vol.
—— *Voyage aux Pyrénées.* 1 vol.
—— *Notes sur l'Angleterre.* 1 vol.
—— *Voyage en Italie.* 2 vol.
Wallon, de l'Institut : *Vie de N.-S. Jésus-Christ, selon la concordance des quatre évangélistes.* 1 vol.
—— *La sainte Bible*, résumée dans son histoire et dans ses enseignements. 2 vol.
—— *La Terreur*, études sur l'histoire de la Révolution française. 2 vol.
—— *Jeanne d'Arc.* 2 vol.

VERSAILLES, CERF ET FILS, IMPRIMEURS, RUE DUPLESSIS, 59.

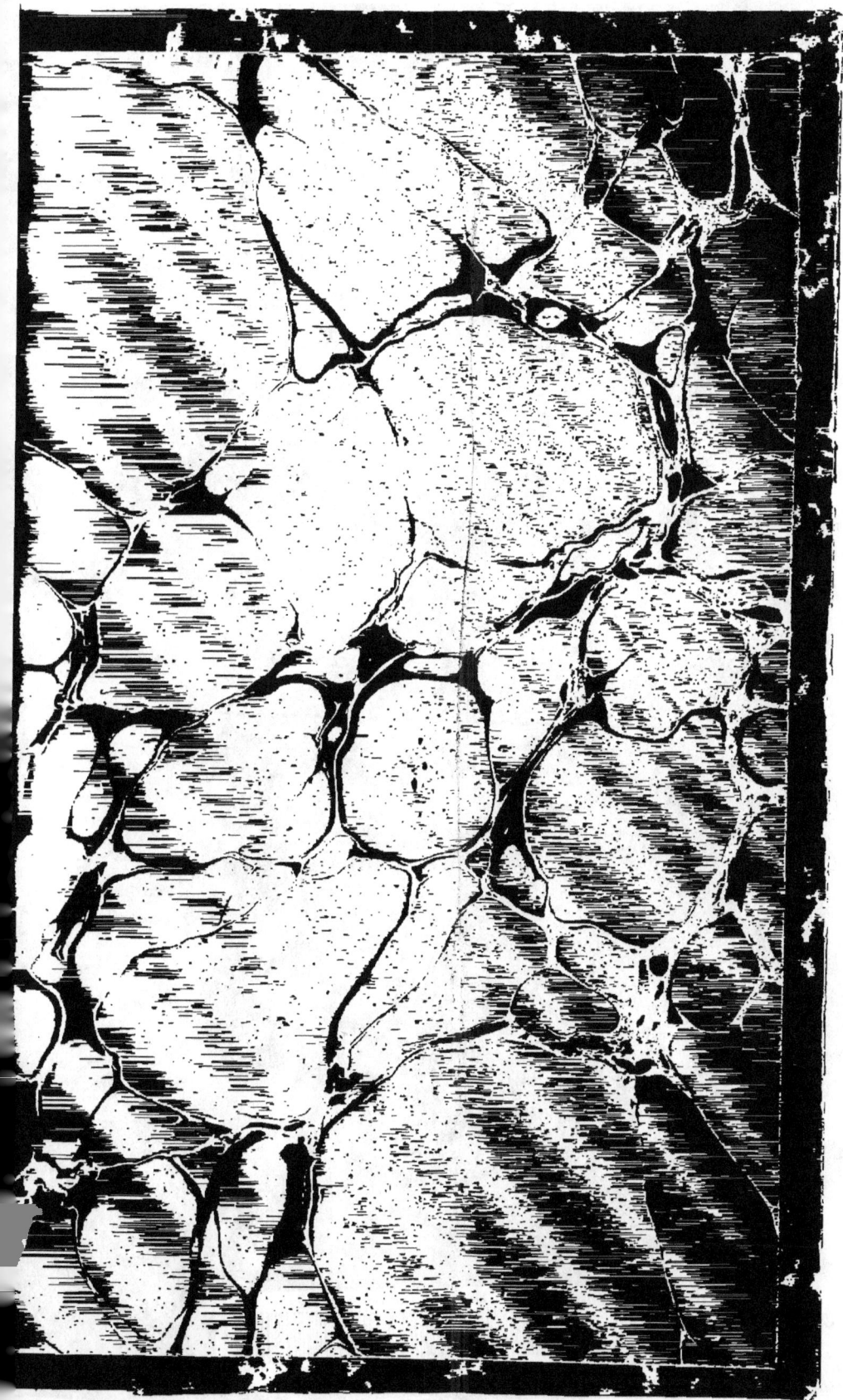